AF209300

Vistelse
Ett annorlunda betraktande

Hans-Olov Boström

Vistelse
Ett annorlunda betraktande

Poesi

Tidigare utgiven titel: Steghjul – oron också, 2021

© Hans-Olov Boström 2023
Förlag: BoD – Books on Demand, Stockholm, Sverige
Tryck: BoD – Books on Demand, Norderstedt, Tyskland
ISBN: 978-91-8080-641-1

Förord

Att göra en presentation för sitt skrivande
kanske aktivera sina spekulativa färdigheter
– typ placera sig själv
i myllret av antaganden, en resenär och
betrakta tiden, sorts Ambition,
fick vara vid tänkandet
sammanhanget att vidröras överväldigande
alternativt mångfalden, alltings plats
i dom otaliga förgreningar eller hur
mötet med den stora vilsenheten och när blir
placerat ungefär
så som utvalda delar utav personlighet, vad
som förpliktigar till medan klockan slår
– själva lusten, en potential lek vid ett
sitt allvar, en stund vid
befinnelsens mellanrum, en väckt nyfikenhet
att som vid ett
alltets alla delar till en större tanke
och varför allting är som det är, ett försök
till att beskriva det obeskrivbara
– leker en stund vid bokstäverna
som konstnären i den egna uttrycksfriheten

TIDENS PRAXIS

Ett manus för reproduktiva organismer
        – hur den självberättigande
tillkomsten, en varje sin identifiering
för några vägval, kanske en annan nivå
en representant
för den prioriterade processen
hur en produkt av faktorer,
exceptionell komponent, fenomenet
livsföring, kedjelänk mental ärftlighet
– en dörrpost för moders ropet
den livsviktiga illustratören för
universella livmodern, alternativt
gånger där betingelsen och gudars kompromisslöshet
eller de som somliga inväntat på att bli
besvarad likt av en röst
        ur djupet av stjärnor
hur det gåtfulla blir din partner etc. var
vi stod i förståelse till när det
som ur ingenstans och först när existera
den av genomträngande förvandling
och gånger blir innehavare av, fick
växa in i avstånd naturlig tillhörighet

FLEXIBLA TILLVARON

Besynnerlig i morgonstund
osorterade profetior
en himmelens tystnadsplikt
en kropp vid
jordiska marken, att en
livslevande ton, budskapet
och när
utgångshålet efter ur
svärtan som ett ivägskickat
kommando, konfrontation
vittnesnärvaro, nånting att läggas till grund
för gånger relevant som vid
proportion volym liv och lust
och att inte bara årsringar
att hur mer i bifall av märkliga
samband alla inblandade
för en ägodel, nån dörrpost
megabilden, hur det likt vid
en öppning för sådana gånger
att ryms kamp och
när även ödmjukhet kunde bli
som i allt förenat intill sitt ände

MELLAN TVÅ OROSHÄRDAR

Vad mer än bara rymdes en
sin känsla,
arvet när upptar i sin helhet
bli stationerad vid
som att bli älskad på riktigt
att kanske bara hur
prioriteras bort, blev
utesluten att fick aldrig nån
tillgång till,
bara någon dubbel attityd
där utlösta åt farhågor
vad det är som förpliktar
alternativt bara forcera när
dessa likt i framförhållning
massa rymder, hur en varje
egenskap som när volymer
skrider utåt, kanske ibland
hände att strömmas genom
      en tanke som
gånger lyser uti, ett rum

INACKORDERAT

En datum markering där antar sitt ursprung
sina kännbara livstecken, sina ägda
tankar, att en slags mentalitet när mer som
händelser bevakas
       (andlig Mix av kött och blod)
nånting till att överväga beslut, nånting till
att kunna bli ansatt av från alla håll
sorts urval, en plats precis vid det oanvända
språket, en rumsorientering, en visit för
livsutrymme, gånger uppväckt ur en sovande
enhet, hur det tysta vakuumet
       där varje för en unik utmaning
det mesta utav specifika rymder, partiklar
av uppbrott, Materia och Stränder
vad som oplanerat kunde ta plats i en kropp
– hur det som en Avisering, en stunds bifall
likt åt en känsla av sin egenhet, hur det
tunna glaset mellan en fukt och andning eller
kanske bara det att mäkta med där nuet fanns

NERVKOPPLINGAR

I ögonblick av kärleksformat
– när utan bedövning
            och ifall
om allting vid det som utav
gånger trovärdigt för någon
verklighet så blir
införstådd vid så inte segar
            ur, så inte
bara lever
för tron och glömmer livet
etc. det som att känna
en känslas närhet på avstånd, en frekvens
eftersänd med fördröjning
en backspegelns rop när
likt vid någon tröghetsgrad
för en tid
            i slowmotion
det när slags hänvisning till
mänskliga beteenden
eller något om vilka av varje
persons programvara och
när i majoritet av hjärnhalvor

KONTAMINERAD KÄNNING

En ensam beslutsfattare, en vågad
gissning, ett sitt epos när målat
i meditation, att ett i framställan
ordagrant pejlas mellan tidsramar
för instinkter gånger när blir
full av aning, hur det likt en känsla
till att inkludera varje
          nyutgåva begynnandet
en varje utsikt som en tanke kunde
ha förflyttas, ett typ hur bläddrat
bland omständigheter, något för
minnenas kontrastvätska
och alltid som till hypotetisk fråga
– det uppkomna annorlunda
när som groddar till drömparticklar
något om fragment åt en dåtid
och när eftervärlden, att fick blåsa
inåt och blåsa utåt som vid ett
halsbloss, en ensam beslutsfattare
en vågad gissning, något i definition
självförskyllan, alternativt hur det
omedvetna balansoket för alla dom
insekter där ligger döda
efter våra tunga fotspår och när
alltid så som vid en hypotetisk fråga

ELEKTRONNÄTET

Jaget en sin varje början till
osynkroniserade armaturen
den osynliga ordern så
som mörkret kunde ha varit
en formel för ljuset
– summan av
intrånget och där givits nån
vision vid
de fysiska motståndet, det
jämsides vid själva,
grundutbudet, en signatur
för en kontaminerad längtan
typ panorera in i perspektiv, det längs
något bottensediment och
sköra ytan när
den stora filmduken
hur fick känna årstidsringar
som i en optisk förskjutning
alternativt mer som
i en neutral frågeställning
alltmedan våra händer
andras händer, alltmedan
andras ögon och, våra ögon

TACKLA EN TID

Att kanske det vid frambringandet utav
ett verksamt ämne för en plats där
vi aldrig varit förut, en sin
början för någon obarmhärtig skiljelinje
eller det som en fortsättning på våra
förfäder, en oförutsägbar
gångstig för sådant att växer till motiv
etc. de gånger ett föreställande kunde
genomföras, hur allting man
            kunde ha drabbats utav
vad som kunde ha inträffat oannonserat
alternativt det när likt spricka i mörkret
för det ofullkomliga
tillkännagivandet, ett
arrangemang som att bli träffad av när
preparerat vid nån
            bottenkonstruktion
kanske sitt bevis på hur en kärlek kunde
bli oslagbar eller bara gånger
konfronterad den förunderliga materian
sin känslomässiga kontaktyta, hur
aktiveringen av en befruktning
för ett genetiskt meddelande och innan
blir full av levnadsskikt och innan en sin
prövning för den sinnliga, hinderbanan

RUMSLIG EVOLUTION

Andligt tidsflöde, helande stund
ett livfullt innanhav, gånger
det sagolika accelereras vid dom
eviga av sina
kautschuk och suddstreck
kanske om någon rumsmålning
av ett vackert fågelhuvud
mot ett naket bröst och när det
starka ljuset över himmelska
porslinsryggen, en sin
avvaktan på bedrifter, nånting
om ständiga informationsbruset
för ohejdbart, typ bränsle
till scenarier, att hur det inre lyssnandet
alternativt mer som instinkter
letat färdvägar, att höra
en puls mellan sköra glas fukt
och andning
            ett embryo för
någons tro etc. bara något vid
en sin händelse att kunna hända

STACKMOLN

Ett vid sitt
utgångsläge
och när
öppnas upp
för det
oväntade
– nånting
efter att
ha genomgått
och
som med tid
växte fram, typ ligger som uti ett stråk
över
det ständiga
– kanske
hur något
likt gånger
vid majoritet
till ett
storslaget
språk, ett
starkare ljus
där slog
mot en
kalk botten
– gjorde en
vacker reva
av bländande

DET STORA LUFTHAVET

Medföljande utav oförutsägbart
det som när en datum markering
för ett sprucket frö när blir
förpackat vid sina begränsningar
– det varifrån det säte vi bar på
oss själva, typ slags streckkoder
till någon förhöjd
   medvetandegrad
en känsloladdad strömföring där
kunde ha aktiveras till
gånger fortplantas så som vid gryningsdimmor
genom en vacker strandråg och
när högspänningstråden
något för den levande lågan och
det plötsliga befinnandet, en sin
gåva vid de eventuella gånger
kunde blivit till någons rikedom
– stod vid sin händelseutveckling
eller hur en association när i
förvrängd verklighet och kanske
på väg ut ur dom gånger känslor
likt kunde ha blivit
   bestulen på och som
när ett hjärta inte fick gå sönder

SENSOR

Besjälad expansion
en fas
uppströms
alla spelpjäser när
i fritt spelrum,
hur ljuset gånger
replikerar som
när brister avklädd
– att mer likt
av en
kristallisering ur
natt svärtan,
det som i en annan
öppning för
ett valvets, lyster

ARRANGERAD BILD

I framförhållning turbulent språk
etiskt kamouflage, nånting
i händelse för ett sitt varande
när allsmäktigt förestående, hur
allting när kontrasteras en
samma tanke, allt på
sitt grundbasis, att en upphittad
våglängd, fick komma till sans
vid den stora förevändningen
nån undandragen rumskornisch
för det starka ljuset
det som en grogrund för ett helt
annat språk, en orörd längtan
en början till de kontinuerliga av
förbi hastat till att
reflektera sina inåtvända speglar
– bli klädd vid känslor, en kärlek
för en magisk punkt, hur
det frekventa ekot utav en kropp

EN SMAK AV TID

Kunde varit gånger som när
tvivlat på och hur
det där höstgräsen gulnat
och som sommarfönster
när blir igenspikat
hur de där rummet för
en sin varje återkommande
tystnad när det mesta
vid förvandling som vid ett
i omlopp för hur tidsenligt förmedlas
typ sträckte sig genom
där flyr in mot innersida
ungefär så som
där minnen kunde utlösa
när ljus slocknar och
med sina överväxta stigar,
att hur fick känna
en stund vid uti ett
tankarnas tysta händer då
fortfarande av varma stenar

STATISKA FORMAT

Sekulär kraft, gränsar till
i omvandling
slags besjälad expansion
fick beträda ett tillstånd
eller som en inbjudan
till oförenliga
krafter mot några av de
konstruktiva, typ
ingrediens för tankar när i slags spelrum
när det egna självansvaret
– den innerliga
kompassen och kanske
via nån
driftighet utav lockelser
– typ balansera på någon
livlig illusion
skrolla bilder när som en
levande musik genom
ryggraden, varje sinnligt
       kamouflage
för det förlösta begäret
alternativt sådana gånger
till en kärleksfull
       akt och sitter
som fastklistrat, elektriskt

UR ARVSKOD

Utvalda faktorer, en utsatt tid, en annan
nivå, att den kemi vi fick med oss
för en obotlig kärlek eller bara precis så
som alla andra varelser
gånger uppstått ur de nakna oförståndet
– det att bli livgjord, nånting mot
alla odds, att en sin början till en resa
som kring avlagringar till en
fragmenterad rymd, hur livsboken när
en sida ur som blir din och när så
mycket rymd, när så mycket psykologi
och när själva ifrågasättandet kring den
skapelsesubstans där likt en utsläppt
färdriktning för det som vid
nån förteckning över levnadspartiklar
– alla gånger nån tyst skepnad i spegling
för omutliga tiden, hur vi blir förbundna
vid när både invändigt och utvändigt
hur kampandan själva livet med
existensberättigande allvaret, en varje
sin känslomässiga kostnad innan en sin
lämnad signatur, som höstlöv när faller
mot någons tysta minnenas yta
och innan den – retirerande själen

SUBLEMENT

Varslet om ljuset, det som i ett
erkännande för den energi som
alstras, att ingenting när
förändrar begränsningar, bara
sitt anspråk
på själsliga syret
alternativt gånger vi faller likt
genom rymder oavbrutet
även ödslighet och
bortanför av bortglömda men
ändå likafullt fick äga rum och
kanske fortfarande i känsla vid
nån livfull tanke
eller kanske som en trasig fågel

GEMENSAMMA ÖDET

Prototyp tankar, reglerbara sinnet
anletsdrag som diagnos, hur det
plötsliga för en
rådande omständighet
det exceptionella för närmanden
eller hur den att eftertraktads
ungefär gånger känslor kunde ta
höjd, typ kunde ha
inkluderat barnsliga delen
det innan klädd vid erfarenhet
en skiljelinje som när
kunde bli främmande för sig själv
nånting dolt för oförstånd
oftast föregicks av att försöka
locka fram det, att dras till det
och den utav ständiga
kampen medan dragningskrafter

SKUGGOR AV ELD

Kanske en neutral frågeställning
slags scenario för någon tyst
konfrontation, alt det som att
panorera in vid perspektiv
något om sina replikerande ytor
hur det verksamma för
kunna bli full av indikation, hur
likt förbi hastat vid nån erinran
där det åtråvärda för en
kärlekshistoria eller om hur några
checklistor över
mätbara avstånd för psykologiska
speglars reflekterande till att
bekräftas för det kreativa sinnet
alternativt det som i en notskrift
– en musik, ett varje
som till en högtid genom
den väldiga projektorn när likt blir
befruktat utav ljuset
också det befintliga rummet
ur vilket fanns
anledning att uppehålla sig vid
så som en seger över ett mörkret

OSYNLIG FRAKTUR

Betänkligheters stumma skrifter
kanske det att försöka förklara
ett svårdefinierat när
lika orealistiskt som att kringgå
nån matematisk omöjlighet
en faktor eller
bara för att bli avväpnad på svar
en utmanad tanke för
varje klockvarv
uti det tidsenliga intermezzot
– varför allting detta
när som i en röst längst in under
och hur alltings moder
eller värmen från ett kvällsljus
när stryker sig över dom rumsliga
chiffonjéerna och ett gammalt
fotografi i känsla som aldrig, förr

KLOCKRIKET

Förgånget, utsocknes och livhanken
det mesta i skick kring tankar gånger
blir uppstannat för
någon tystnadens hjärnaktivitet, att
det mer av en krackelerad bild
ett efterlämnat som gånger likt av
ett språk för en kvarvarande
murstock en sönderslagen rymd när
blir inbäddat vid någon
gårdagens djup, så som minnesdofter
från en högsommartid
en bruten åkermark, det naturliga
när blir till Tro alternativt ett
stoppat blodflöde, ett förlorat språk
och när allting som vid en
envist blommande kaprifol uti nån tyst
uppgivenhet bland några upphittade
rostiga spisringar och skärvor av
finporslin och när som en
varje gång blir utlämnad till sitt, öde

BRÄNNPUNKT

Rumsslussar, någon uppkoppling
för medvetenhet, typ
sina individuella olikheter, att
en av flera huvudrollsinnehavare
att ungefär där
vi stod mitt uti
en magi, en konstruktion för allt
inneboende djupt och
kanske hur hade flödat genom
sina födslovärkar
att en glädje som när
kunde överväga för varje smärta
ett budskap likt av ett rotsystem
till varje viljekraft och den
Absoluta generositeten
av två parallella rikedomar och
för nån gemensam längtan
det likt en sprucken blomknopp
eller gånger ögon blir full i rymd
– En fantastisk seger
och när en själens vackra solkatt

DEN LEVANDE LÅGAN

Härifrån och när satts i funktion
en sin rådande omständighet
att det till i mängden när likt blir
full utav anledning
– slags medverkan
vid administrativa ordningen
en komponent till ett vid nutid
hur grogrundens tanke och
pådriven av när drivkrafterna
som en faktor stiger in och ifall
flyter på som utan
språkförbristning, att det mesta
så som händelser bevakas
sådant att överväga till beslut
våra kännbara livstecken, själva
greppbrädet om gånger blir
fastbunden vid tid, hur varje ett
sitt dagliga intag av fönster
och dörrar, det som följdeffekt
av oförutsägbart när
den jordiska marken och när likt
en tillåtelse till att få känna själen
att kanske våga vara den man är

ARMERING

Ateljéers rymd, en blå
canvas just innan
expanderat för
alla de gånger när blir
aktiverat via trådändar
och universums alla
skalor för det när mer
likt en himmelens
alla osynliga våningar
– den rörliga linsen
kretsar med sina djupa
solspeglingar
när i glaset som utav en
naturlig kreativitet
– sin organiska
klocka och för att sedan
kleta ut över
hela det nakna, Arket

INDUVIDUELLA STUNDEN

Att kanske nån gång vid livet, du är människa
ett anletsdrag, äppelträden kanske just har
slagit ut i blom och känslan när ännu osårad
att bara mitt uti en rusningstid
och uret slår precis så som annars som
att det mesta sig likt, trevar på som vanligt
ser hur en lekande vind
nånting i passage av massa fasader,
saker vi gör, alla samtal som vi lyssnar och
kanske en fristad till att kunna gå in vid
när blir avskärmad
för en stund, hur det stora trädet
bakom huset och det när i linje av stora havet
för våra reglerbara sinnen,
svårmod mot i allt annat, kanske hur samla
kraft, avslöjar sig själv gånger där orkar
sådant vi egentligen
aldrig orkar, det som en tro, det som
en tanke och att även ljus kommer ur mörker

TIDLÖSA TONER

Hur introt vid som till nån skapelsesubstans
att det som att samla dem vid
en sin struktur för en naturlig bindvävnad
som ord till mening, en sin kommandofil
skript av drastisk mångfald
en varje koordination av färdriktning
typ utmana och krypa genom makten vi inte
förstår eller vad som gjordes till begripligt
det eventuella kring ett tänkande när aldrig
lönat sig mot sådana volymer till att i
avstånd likt av ett eko från förut när det
mesta av känslors kamp, sina streckkoder av
sammanbrotten, mörkret när blir
signifikant någon förutbestämt jävulskap
etc. bara hur tystnadens reflekterande ifrån
dom inåtvända speglarna, hur det inre
rodret för distansminuter och de som till slut
där allting blir ok, typ
visste aldrig vem vi var och inte nu, Heller

SOMNAR I VARANDRA

Landskap
uti
en
tystnad
akt
och
med
vingslag
kvar i
sin hand

SUGGESTIVA LANDSKAP

En skulpterad dialog när vid inramning
i perspektiv den naturliga samklangen
det plötsliga av att ha överrumplats
likt en sin gryning
hur väcktes till ett tidigt fönsterljus
eller som till att räkna ett sovrummets
vackra tapetblommor, alternativt bara
nånting konstruerat för
alla oprecisa kalkylerande
kanske att bara sorts anspråk de gånger
när den inprogrammerade törsten
den inprogrammerade hungern, hur
fick känna en hjärttrummans rytm när
rörde vid nån erinran de gånger kunde
rymmas en levande röst, allting som
för nån tyst summering när blir
framkallat vid den tidlösa projektorn
– att det när en bit utav sig själv
en tanke som att få hitta tillbaka till en
känslomässig vistelse eller efter alla
dessa gånger när vid ett naket system
att likt på bar gärning, blomman också

TIDSSPÄRRAR

Det mesta för beskaffenhet, observatör
där befintliga tiden, att nån tillförsel av
instinkt, en resa till att genomskåda
en känsla för
ett stycke mänsklig exponeringstid
hur möte vid som när inga andra tecken
än hur kunde varit på väg nånstans
kanske ett hjärnkorridorernas soundtrack
något om rumsljuset när i en doft efter
ett vackert sommarregn och kanske
gånger medan alla vackra ringblommor
alla vackra marianycklar när likt till
något oförglömligt ögonblick, en
sin tystnad för den absorberande tanken
varför det där ifall vågat sträcka sig längre
in vid utan att veta om typ, infinner sig

MÄSTERLIGA VERK

Om existensberättiganden
dess plats i
universum
och
att när även
en
tystnad
att när även
en sten
att när även
där den minsta lilla fågel

SANKTA BARMHÄRTIGHET

Att kanske
nånting till
de
som redan
förlorat
hur stod
bedjande
utanför
och när inte
fick
komma, in

RUBRIK OCH DET ANDRA

En smak av bräckvattnet, ett resgods
av förunderliga besked, att delges
en text vid nuet för alla dessa
omedvetna djup,
en utsikt med nån tidsinställd fråga
de gånger levande ljussporer dansat
ur den tunga svärtan,
det organiska omloppet
med alfabetiska livsbläcket, det som
mötesplats för att ingå som till
den förgängliga daggen, det mer likt
ett snabbskott uti en tankes dyra
bildfrekvens som ett ditsatt bokmärke
för nånting mellan alla levnadsbladen
– hur en tyst penna för
allting i förbifarten
det osagda om vad skulle kunna bli när
modellerat för invärtes passmönster
dom vid begränsning för djupa minnen
alternativt innan de gånger kliver ur
en bild och in vid en annan
typ trycker på knappen släcker lampan

UR SINA MYSTERIER

Kunde vara Entrén till nån upplåst debut
varje förekommande passage för
den brutna tystnaden när genom sitt
verklighetsskal där den stora väckelsen
– logistikens frökapslar
en aktivering för ett djupare innehåll
kanske mer som till en härkomst
att de mesta utav oumbärligt nödvändigt
– allting för det
fullkomliga tillkännagivandet när
ligger framför oss och när utgörs av mot
en andra sida som en spricka
ur mörkret och hur öppnas upp för den
substantiella förädlingskonsten och
hur likt ett larvfötternas första avstamp
– förmedlas själva varandet
den töjbara tiden som ett observerande
kunde bli full av förbipasseranden eller
den iskalla vinden och
när rumsliga elden med den vackra hettan

SPRÄCKLIGT LJUS

Detta, ett när som
gånger kunde ha
varit något
under förevändning
hur lyssnat på
kroppen eller som
några flyttade
spelpjäser, att kanske när mer
likt åt en undran
uti det förunderliga
stadiet och
utifall att inte skulle
klara fler, förluster

RESPIRATOR

Specifika rymder, en grundläggande
tolkning i förgrening med släktträd
slags resehandling
någon följesedel kring scenariot
iklädd människa och klasskamp
– typ skapa volym
för att befästa en syrehalt, en kemi
vi fick med oss som till några tidlösa
partiklar och när likt kvoter för ett
jordiskt barn
att vägledas själsligt eller bara hur
snålblåsten för nån ryggradskänning
kanske den stora rädslan för
det som vid en förklädd känsla,
allting vid den omedvetna
medhavda för oberäkneliga sinnet
det av en annat språknivå, en annan
kärlek för en magisk punkt eller
det eventuella av någon
gång till att försöka parera vid hjärtat

SPÅRÄMNE

Utgångsläge för den påtagliga energin
gängse rumsuppfattning som allting
för en tidpunkt för sådana byggstenar
gånger byggda utav ingenting, hur
det mesta av en ingrediens tillägnad
kanske det där oförståndet
något för hela vägen där anländer och
fram till dess att utgår etc. så
som en röst kunde ha gjort sig hörd ur
intensiv tystnad där blir stationerad
vid alla oförklarliga kommandon
blev bärare av ett sitt kynne, hur en
känslolänk mellan en vidrördhet
och mer likt en
                spontanitetens klokhet,
uppta volym, typ göra anspråk på där
låg oförbrukat, hur en notering utav
nånting utan att vi vet om det
att hur kunde varit likt till ett
hopplock ur enastående mekanism
hur allting från och med känslors kamp
eller varför vissa
när kunde stå alldeles oberörda invid

OBSERVERAS DÅTID

Nollpunkt, ett tomrum varifrån
evigheter bestämmer
att hur några blinda teorier
en hjärnstruktur
för att kunna hitta ut ur nån
grumlig bild
– arkitekten bortanför som
aldrig skulle kunna observeras
av nuet när i en föråldrad ton
att redan i avstånd till vid
samma genomströmning som
till en tanke gånger då gäller
allt i övrigt, det att kunna bli
besynnerligt påverkad när
några utav sina
oundvikliga förtöjningar
– slags system till anletsdrag
eller bara sina avlagringar för
någon förödande verklighet
en minnesfas ur nån trötthet
dom gånger när
kunde vara slående lik natten

MODERSSTJÄLKEN

Ungefär där oförståndet stod redo
någon förlaga till mer än bara sina
sinnen, hur kunde ha trevat efter
en ädlare form av information,
litenheten när mitt i mängden av
dom stora massorna, typ höll
tillgodo som till ett livserbjudande
eller högoktaniga placebon
en sammansmält enhet för likt två
olikheter, typ sätta gradantal
för en fångst uti mentalt vävda via
det elektroniska fältet, en
blodpennas bleck när inskrivna vid
stationerad släktskaper, hur den
oförhappandes beröringspunkten
det ändamålsenliga gånger pigment
och i reproduktion
organiska bokstäver eller gånger då
själva rummet genomströmmas
som till att följa med in och med ut
så att fukten till själva blomman
alternativt en djupare passage som
en ängslan kunde bli sårbart synlig

BEFINNELSEN

Det som kring en sin utgångspunkt
en uppmärksamhet vid sådant att
fanns inga alternativt bara hur den
höga himmelen för sina instinktiva
vingslag, en måltavla för alla
själsliga påbud, kanske en
udda personlighet, en tanke för
någon möjlig strategi just för
universella rotskott, hur en vilja
tränger hål på vid dom djupa tidsservrarna
det som till en sin prövning
varje enskild smärtgräns etc. kanske
bara gånger när dom undandragna
kulisserna i rymd utav oberäkneliga
skådespelet där fick bli sin egna
regissör, en magi för en magiker en
formgivare utan normer, att när
mer sådana rymder att dom
eventuella gånger när blir lika outsägligt som
uti någons tysta emulsionshinnas
djupa glansighet, en tanke när ligger
som uti ett vackert lugn
när alldeles intill det rasande havet

PSYKOTISKT PUSSEL

Vid det samlade där
myrarna doftat utav
kvalmig kärlek, hur
ett lustens
dragningskraft och
kanske som i gånger
när inget halvdant
sträcker sig
genom som
aldrig kan förutspås
eller att bara det
under tid av en
himmelens vackra speldosa när snurrar
och hur kanske ville
vid sitt
maniska magiska,
det som gånger likt
till ett lekarnas
blindbock när bär på
det där
vansinniga skrattet
de snuskiga orden
och in under någons
flik utav, vindriktning

AVSNITT UR ETT LIV

Längs en medvetenhet, att kanske
blidka det där språket till att
våga säga det, vad som kunde ha
behagat och innan kunde bli
tillrufsat utav det oundvikliga
en sin dörrpost för nån genomgång
till en nästa så som
en årstidsförbrukning gör sina spår
vid anletsdrag, hur minnet
låser sig och allting när går förlorat
typ blir beslagtagna utav glömskan

FILTRERING

Det eventuella utav otillräcklig analys
hur kunde vara skulpterad
vid någon annan typ av grundsubstans
och gånger där kunde ha
utkämpats vid någon starkare antydan
till manus, ett utvalt
för den egna smärtan när blir
uttryckta kring någon tillbakablick för
det vid allting vi genomgår hela tiden,
hur ett datummärkt hedersord
om djupet av en frågeställning för ett
känselspröt och för att kunna hitta
alla utplacerade när
blir skulpterat vid sina tysta avstånd
– en sin tankes tillfällig härbärge
allting där kunde ha
registreras bara för att sedan suddas ut

VIA TELEGRAM

Fantasin det som en laborerad kemi
för omedvetna medhavda, ett sitt
uttryck när allting för den egna
påhittade tiden, en osynlig närkontakt
små illusioner, hur det eventuella
där rekyler från en psykos och
hur det eventuella av vilka som
kunde ha stått emot vid det dolda när
redan ifrån en sin början i mentalt
underläge, etcetera bara för
ett otuktat språk, en stund till att
undkomma sådant antecknat
via meningslösa meningar, allting utan
gräns för någons vilja av att få
flyta ut från nån verklighet och som till
ett nyfiket experiment, kanske det
när mer likt ett vansinne och som
kring något för en gemensam abstinens

TERAPEUTISKT EVENT

Sådant att bevarat ostrukturerat för ett
innehållets skull, slags frekvens ur det
framkallat där ungefär som gånger när
den ena efter den andra för att
kunna relatera till när uti montage för de
långsökta svaren, det enda stadium där
den egna versionen av nånting till sin
verkliga anledning, hur någon upphittad
gravitation där centrerat vid sina djupa
kopplingar åt parallella verkligheter
– det som att bli uppladdad med
gånger när likt textat med en passage via organiska
ställverket, en energi till att typ bedyra
och spridas genom likt ett
terapeutiskt event, alt det varifrån
innan knyter det vidare där blir förpackat
vid begränsning en sina spännvidders
sköra tråd och innan brister och innan
flyter ut i utvärderandet kring
det där allting man kunde ha drabbats utav

BÖJELSER OCKSÅ

Det mesta kring mänskliga objekt
hur spekulationernas djupa fäste
– upplyfts av några utsvävande
för en minnesbild, en reflektion
själva ursprunget, typ söker
det som när en bit ur sig själv
slags riktmärke, det eventuella
när inte mer än sådana frågor
i djupet till en krackelerad bild
fick besöka nån tomhet, en
obemannad mentalitet, dom av sökvägar för
en blockerad tankegång, allting
där hade uteblivit och vid dom
genomfrusna rummen, ingenting
för en fullständig redogörelse
mer som när befann sig mitt uti
smärtan där ett varje kring sina
klockrundor för spegelrischosetter
och fjärilarna i magen eller
vart som sekunder minuter timmar
veckor, månader och, The End

OSYNLIG FÖR KÄNSLOR

En stopptid alla sina variabler av
beteende, en andedräkt för en
rumslig tanke, en utsikt genom
den vackraste av fönsterglasets
frostblomma alternativ alla dom
gånger vi inte är vid våra tankar
(när vi inte tänker) och vart vi
är då i det gemensamma av
att likt upptas i sin helhet, kunde
bli avskärmat från en otillräcklig
räckvidd när som en oförutsägbar
ekvation, någon matematisk
omöjlighet för en serier när likt vid sin fulla skala
utav obehandlade ögonblick
– slags komprimerad svärta där
som en osynliga rädsla gånger
när blir omringat av utforskande
ansikten, vilka dom var som bar
på det genom tillvaron, att bli
attackerad så att
utlösta panik och ångestattacken

OHEJDBART FRAMFÖR DIG

Budgivning för nån mer angenäm information
– källa och som när monumentala avsikter
rymdes innehållet vi kunde ha letat efter, hur
det mesta av en infångad känsla alla gånger
så som det exakta ögonblicket av
hur en dörr öppnas upp och ljus väller in
med uppspruckna rymden, en modifikation
tidsenlig resurs och varje sin anvisad
plats, ett embryo i första rangordning
en utskänkningsplats för våra särdrag
varje antydan till där avtecknar sig i gestalten
att någon resa förpackat vid sin begränsning
– det oberäkneliga sinnet, kemin vi fick
med oss och kanske mer till någon tändvätska
för humörsvängningar, en
upphittad väg till att konfronteras den flyktiga
kondensen alternativt som en
motivation kunde ha tagit slut, hur en mental
träffyta när liknelse till de portförbjudna ljuset
att nån kärlek gånger fastnat i ett segt mörker
hur trötthetens ögon när släpat sig genom det
optiska glaset, ett
griffeltavlans låta stå och bara likt acceptera det

PRIVILEGIET ÖDESFRÅGOR

Allt oförklarligt vid alla de gånger oplanerat
uppstår, slags direktiv för själva originalet
ett villkor till att fick en sin tillgång till och
när uppreglat för dom hastiga ögonblicken
varje i avstånd som förändring i anletsdrag,
att beträda alla obeträdda passager alla
kring nån naken manöver för likt en magisk
beståndsdel en samordnad kompromiss
till en älskad expansion, den mystifierade
grundplåten när vid sin gryning för
en fortfarande fuktig textrad, det som att
läsa en bit ur den krypterade bi packsedeln
eller hur nånting i fragment en kropp, en
desperation sista försök vid gånger då
fortfarande av levande utvägar, alternativt
när i sin stund till att kunna hämta andan
– hur allting utav ohejdbart när framför dig

SKISS UR ARVSKODEN

En introduktion för en sin röst, det
som gånger kunde ha legat innanför
nån oöppnad svärta och innan
nånting mitt emellan det paranoia
tunnelsystemet där invärtes rymder
när fräter sönder inifrån utav allting
på samlat när mer likt en massa
symptom, profilering orsaker, hur
modet till att vilja gå in vid bara för
att kunna utsättas för etc. det kring
den omutliga tiden
något vid storleksordning bortanför
uppfattning, ledas in i olika sinnelag
en profilbild när direkt ur själva
originalet, en vistelse för inskrivna
destinationer eller bli angripen utav
en sorg hur alla de gånger det
mesta av oersättligt rycks ifrån, oss

NAMNLÖSA ORD

Antydningar till uppsåt, att inte bara
en tillvänjning det starka ljuset,
rädslan för vad som kunde ha legat
bakom det vi alla kunde blivit som
en främling inför, alternativt nån
förhöjd medvetandeskap, stå mitt
uti rummet för alla negativa som för
alla positiva vid det plötsliga av när
alldeles intill oss för att kunna
vidröras utav den stora väldigheten
något vi blev tilltalad av och när som
ditlagda åt berättelser, ett
livets repertoar, ett sitt scenario
och kanske nånting vi kunde bära på
utan att vi vet om det, ett
aktiverat ämne gånger kunde bli full
utav indikation, att det som till ett
skulpterat ord för det vid nån
smärta och alla de gånger, bedarrat

INNEBOENDE DJUPT

Status, tidstimer och när ställd på
livsförbindelsens grundackord
initialt när som en reserverad
plats för rätten till ett sitt
ställningstagande, en i mängden
av alla dom placerat vid där gavs
likt åt egna fasader, några
tysta tempel, hur en varje
sin notering för nån huvudkaraktär
ett sitt titelspår ungefär
där blir företrädare i betydelse av
någon bokstavskod till kontexter
– det sensationella
　　　　　med härkomst
och vad som fick, mirakel att ske

FULL MED TILLROP

En tillägnan, tror
jag satt vid
strandkanten
och den
stora fascinationen
hur fick lov
att vara involverat
vid när det
livfulla bruset
det som ett
embryo för något
vackert
omfamnande när
som ett rop
ur det
nyutslagna träden
och det som till
beröring gånger
en kärlek
kunde antändas
en längtan
så glänste invärtes

RYMDER I ÅTERSKALL

Valvet med sina väldiga grindar
att en rätt tidpunkt för sådana
koordinationer när långt
innanför kärlväggar, hur ett
astronomiskt klimax, nånting
lika besynnerligt som i ett
porlande tidvatten
drog vid dig, att ett träd format
utav vind, hur en följeslagare
till själva livet, alla dessa
förbipasseranden att frammana
till reflektion, hur
sommarsolståndet med
sina explosiva ängar, fåglarna
när sjunger så egendomligt
– allting vid det verkningsfulla
gånger flyter som ett storslaget
språk, en ceremoniell högtid
det att träffas av ett andligt djup
eller hur en eld kunde
självdö om inget visat, intresse

BALANSOKET

Ett mesta av sitt användningsområde
att en stunds tillgång till
som vid ett
ultimatum när ingenstans, att bara
vad som kunde vara förvrängt till
att bli vittne till gånger när full utav
frågeställning, det osäkra
i så som en
tro kunde bli desperat när sådana
naturlagar att aldrig förhandlingsbar

OVÄRDERLIG

Någonting för det inre lyssnandet
bli ut positionerad sagolika
destinationer, varje känsla till
allting i angränsande för det sköra
av andning och som en tilldelad
egenskap för att vägledas själsligt
– hur den bakomliggande utopin
förloppet när fick hålla vid
en stunds betraktande till att äga
känslan, slags lekande
genomsynlighet
ett samtal som vid alla de gånger
likt av en vårdag där fågelsången
flög in vid dig, kanske hur
sina möten vid årstidsrubrikernas
tunga versaler för färgsprakande
höstlöv, något samtal innan åter
kunde ha fallit in vid en
verklighetens kroppstyngd och
de som en tanke likt fick distans till

SÄREGET SPRÅK

Här vid det som innefattas den
omedvetna energi, att slags
etiskt kamouflage för alla dom
av vilka nånting utöver
checklistor till förlorade utgångsdatum
eller hur allting in zoomat
åt före tid av minnen, att slags
magiskt avstånd, nån expander
där tänjer på det
spontana händelserummet när
några tankar i tysta spegelbilden

DESSA BLINDVINKLAR

En kontinuerlig cirkelgång, en koreografi
själva livet, alternativt vilka utav dem
som när den spekulerade meningen med
och varför allting i det där föreställandet
alla gånger till att ryms uti en volym för
någon genomresa gånger blir ertappad av
i tillstånd emotionell beröring
– ett mentalt värde och hur kanske fick
manövrera rastlösa viljor som för ett
hörsammat signalämne, bestiga gränser
inom den egna självrisken, att kanske
nån medskyldighet vid någon konstruktiv
besinning, hur den där filosofin när uti
en stulen illustration för att bli attraherad
utav ett livslevande konstverk, det att
kunna bli upphunnen nån genklang,
flödet för en förlorad källa, att sina tysta
gränser, en tidsfrist, att ett brustet
samtal för det rymningssäkra, vakuumet

ALLT VID SIN GRUNDTON

Vi trodde nog aldrig att de skulle kunna bli
något annat än för just vad det är och hur
själva förlagan till de som fanns när laddat
med känslomässigt, ett något eventuellt
kring någons särskilda volym när ett sitt
spelrum och att kanske försökte förstå ett
        uti betydelsen av
när fick stå mitt uti ett centrum och gånger
transformeras genom den där
högspänningstråden eller när överbelastas
som vid någon oupphörlig saknad, tankar
för nån ovillkorlig känning, ett skrik
genom det utan hållfasthet, kanske rymdes
den mesta utav ett tomrum där en varje
spegelvänd minnesbild och gånger öppnar
och sluter sig i det som ett utspritt eko, ett
djupare överlämnande till sig själv och alla
gånger kunde attackeras
när mest utav det där egna ställningskriget

INGEN FÖRSUMBAR RÖST

Kanske något vid var och ens antydan
till kontur, slags arrangemang till att bli
betrodd – hur några sidor ur
gånger utmärker sig under tid medan
förbrukas som en länk mellan
bakomvarande och framförvarande av
tidsenlig resurs
som ett bloss i förbifarten, hur ett träd
ruskas om i den livfulla vinden, gånger
genomgripande lekfullhet som varje
vingslag för en fågel uti himmelen, att
en varje kommunikation att kunna gå
in vid som via ett nyckelvred till sig själv
eller det urskillningslösa för nån
kollissionsrisk, att zooma in avstånd för
en tankes rymd när den var din så som
ett ställe i livet och där kanske mer
för en kvarlämnad signatur, som gånger
en kvällssol vidrör trädtoppar hur ett
sista höstlöv faller mot lugna vattenytan
kanske det eventuella i nån slösad energi,
om fanns en nådatid innan den av
magiska stillhet och den totala tystnaden

EN FOTOSTATKOPIA

Det mesta av sitt upptagningsområde en
dragningskraft till att förflyttas en aning
närmare för ett närmande likt en energi
till att fortplantas genom så blir full utav
minnesstrukturer när så realistiskt som
möjligt etc. att mer en omöjlighet för att
kunna känna skillnad på och att kunna se skillnad på
eller om vi bara under tid av när som vid
ett skört språk för
        hur de uppöppnade
blindvinklarna för
en delad färdkost, hur kunde vara något
så fick beträda dom där likt djupsinniga
förtöjningar av oändlig variation när som
en nakenhet för våra okända behov
– blodets bränningar när som textrad in
i flodvågen och när
som ett vackraste samtal genom, Elden

HÖGRE ART TID OCH DET ANDRA

Tidsformer, något bindemedel, arvsmassa
och inre krets, djuplodet för en
konstnärens blickpunkt, konstellation för
replikerande ytor eller alla de gånger vid
konfiguration oändliga kaos, det jämsides
som att bedyra till grogrund när vid
kategori förorsakade känningar, en slags
identifierad vittring, hur det uppväckt
ur sin handlingsförlamning, att en öppning
bara så kunde känna en hög himmel och
när likt slog följe vid någon brinnande låga
kring uttrycksfullhet, det som av en
gångstig genom sådana upplagrat vid några
självupplevda sensorer för en livslevande
pusselbit, hur möten vid förbryllande rum,
hur alla dessa i passage likt
företrädare för
osannolika kontexter, en gåva från någon
namnlös arkitekt, nånting utsänt för
det äventyrliga vid oupphörlig förvandling
– kanske själva modet till att stiga in vid där
åtskilligt sitt nakna väsen när i en levande
sammansättning den kroppsliga litteraturen

ELEKTRONISKA HJÄRNHALVOR

Utkast mikroprocess, mentala drivhjulet
typ varje anledning att uppehålla sig vid
så som sol skeppet ur den förtjockade
massan och när typ inträdesavgift för ett
sitt grundläggande syfte
allting när i sin naturliga riktning, att en
konstruktiv handling för att spridas och
likt vidarebefordras där centraliseras via
en levande känning en
naturens innovation, den obevekliga
evolutionen med de osynliga källsprånget
– något kring bräckliga överväganden
alternativt det som en reproduktion för
ett i avstånd till en rädsla ur bakgrunden
kanske sina rymder när rätten till
försvarsmurar, det rådvillas positionsläge
eller ormvråkens vackra cirklar ,
              kanske att få ställas
inför som att frammana till reflektion när
i utsaga för allting som aldrig utlovats
kanske ångar av nakenhet, att ett begär
en distribution för mäktiga synden
alternativt hur bara några streckkoder av
sammanbrotten för ett kynne, en friktion
hjärnceller för dom inåtvända speglarna
eller bara det när likt utav
en svalkande glasdroppe mot tungryggen

DEN TYSTA ETERN

De var vid detta
och att när som
blir till en del av
mig själv
– hur kunde ha
avlyssnat, observerat medan brinner
och regnar
att kanske gånger
när kunde
ha letat efter
bara som för en
helhets skull
eller vid det som
när fanns ingen
sådan
nivå att hörs
igenom
till en andra sida

SANSAD BILD

Om det när i form av annat
jämt fördelat sältor, sötma
eller medan orubbliga
cirkulationen,
sådant att kunde ha drivit
in från nån natt och typ
brinna vid i kondensation
– att kanske hur en
känsla av som då fick hålla
vid nån
återfunnen tanke
det plötsliga
av att kunna känna lugnet
alternativt hur en vacker
insekt gånger
sitter alldeles
stilla med vingar uti solen
allting vid sin ork så länge
klarar sig, nåt resterande
utav uttryckt stumhet
när vid sådana gånger en
ordblindhet inte har
någon som helst betydelse

UR SMÅ LUFTFICKOR

Kategoriserad norm, hettan från
organiskt smidesslammer
att hur kanske stod vid mentalt
anpassad rymd, det som en resa
för nån nyuppfunnen expansion
så som gånger mörker kunde vara
mycket äldre än ljuset och
framkrystat bara för tidlösa ärret
en förkunnelse som rotskott och
vackra spegeldroppar när
simmat genom sina rumsliga
nätmaskor och för
ett oförutsägbart språk, typ
när blir läsbart från ett annat håll
– det som att hålla upp
en skylt med kännedom om en
nakenhetetens respons när tänjer
på ett i avstånd likt en bild av som
studsar mellan sinnesspeglar
till likt några
återfunna elektrifierade nätter
när blir bländande vid vårt seende

KANSKE SOM MEDDELANDE

Objektiva analyser, hur det när ett varje
kring den bestämmande makten
att hur kunde hänga samman vid sådant
när i känsla av för den större respekten
alternativt, systematiskt inordnat i kaos
några sömnparticklar när ligger och
väntar på att bli uppväckt som
allting i form av varelsen i dig, slags
medfödda färdigheter, kanske som en
upplevelse till skänks gånger när på väg
vid sina andetag, en livfull passage som
att bli ansatt utav tid och efter att
kärnhuset och fostergången
varje som att förena vid det varseblivna
– nånting för en mänsklig mognad
allting innan behärska och gånger medan
som ett ditt observatorium för parallella
skeenden, kanske en hjälplöshet, att
ett förlorat språk, hur själva dramaturgin
utan sina spelregler, kanske alla gånger
en tanke när blir övergiven i nån tystnad
eller bara det likt utav en
rörelse när uppstannat uti en sin stillbild

DEN BRUTNA LINJEN

Hur allting medan den
elastiska massan
kryptiska bokstavtyper
och när vid
en sin inbjudan till det
rumsliga rummet,
den brutna linjen
den osynliga vinden, det vid sitt försök
att kunna tänja på
sådana marginaler för
nån drastisk mångfald
– frambringa
eftersträvansvärt
det verksamma för
alla dom
som kunde bli brukare
utav, etc. hur
någon melankoli efter
att ha befunnits uti
det starka, kraftfältet

ORKIDEERNA ÖPPNAR SIG

Ett som stingsliga timmar
hur ett rummets tomhet
att när som iskristaller
mot tungan då natten har
kapitulerat ,
kanske hur förskjuts mot
av ytterligare för att
återuppstod och
för hur rösternas ingång
som fasader in under av
puderskikt när
vid i tyngd att faller inåt
– nånting till att
uthärda som kring ett
plötsligt begär
hur alla dessa gånger där
någons puls vid
någon annans puls bara
för att det som uti en
poesi, när blir ostoppbar

DEN HÖGA OKTAVEN

Den höga oktaven när varje
tangentslag till i vågrörelse
med skrattet i
champagnen och när
som till ett helt annat rum
kring handen, att hur
likt uti kanten till
det där
oförståndet att dras genom
förmaket så som en
strömfåra följer
anletsdraget
när vid sitt omlopp av moln
tidvatten hals och
handleder, hur fanns vid
betraktandet när ligger som
uti ett kärl utav kropp
och för en tankes rymd och
gånger när i känsla av det

VAD ÄR DET FÖR KRAFT

Att bli installerad för upplevelse
det märkliga av där saker händer
– vara involverat vid det
som vid en omöjlighet att förutse
allting som döljer sig bakom de
vi inte vet, kunde vara
acklimatiserat ur någon gårdag
alternativt det när blir
fråntagen den
eftertraktade betydelsen, bara
i sin likhet som det mesta
alla de gånger där en
utsikt genom de ofantliga djupet
hur kanske mer av det eventuella
så som tillhörighet för det
bakomliggande, vad vi gjorde här
jag och hjärtat för ett alltihop,
ett pyramidspel, om ett vackert
avstånd mellan en
sceningång och någon scenutgång
vad som kunde
ha föregått en tanke eller om det
omedvetna vore ett bevis på
hur någons tystnads väldiga kraft

PSYKOLOGISK KONSTRUKTION

Om skrivande ett inom parentes den svarande
en resa, ett språk och hur tog sig rollen som till
en röst där typ utesluter alla villkorliga krav
alternativt gånger en och annan bokstav kunde
ha hamnat fel, en blandning utav ordning
och oordning, nåt utrymme för en poesi utan
skrivregler, hur fick låta
   betraktaren ta hänsyn
till eller bara som vid det spontana sökandet
– hur en känsla blev erövrad, hur en andnöd
gånger syret tog slut, en spegling ur
ångestens tomma ögonhålor
fanns aldrig några självklara koncept, mer likt
en tusch vid dyslektisk och ordblindhetens
färdvägar, att nånting oftast helt apropå. att
en överlämnad tanke blev tillgänglig så som
slumpar sig, ett penseldrag till ord
ett naket överlämnande ett abstrakt tänkande
ett konfrontationens kännetecken
vid sig själv, hur stundens skuggor och solljus
till en sin medresenär, det mesta av ett sinne
när från en stund till en annan ,
kanske något om en grammatikens nollpunkt
eller oändlig saknad, att inga
uppsatta marginaler för
   hur ett språkligt utförande
men ändå behovet av att vilja få uttrycka, sig

DEN HAR INGEN EGENDOM

Introt, förmak mot havet och någon dyrare
beståndsdel, slags version av metodik
kanske inte så sällan när tankar utvecklas
till i stora frågor, extrakt gjorda till gåtor
hur ett markens viljekraft
solens glittertrådar genom morgonrum
hur själens skål utav ny drejat ljus, något
för varje kännbar konfrontation sina tysta
kretslopp, allting i egenskap av element
när framkallat till vid särskild stund
– Det mentala drivhjulet, allting gånger
breder ut sig som när flyter i samma språk
att bara en tyst tankelänk, såg hur ett
vackert ax när tog vind och gjorde
solmogna vågor vid dig
eller gånger fann den bergsblåa vallmon
in under skorpor utav is allt medan en
horisonts vackra kopparstick i neon och
keramik, hur det likt
till en tidpunkt vid varje nerv för återförda
känslor till en livs levande sinnebild
– en andedräkt till
ett växande segel när över alla gryningsfält

SOLURET

Jag har en ängel med
pelargonfyllda ögon
och skrynkliga
händer som brinner
i ett vindstilla solljus
genom
vita linnegardiner
och som att gånger
när jag fortfarande är
liten i bilden intill
morsdagsbuketten av
maskrosor
som blev till liljor
Jag har en ängel med
pelargonfyllda ögon
och skrynkliga
händer som brinner
i ett vindstilla solljus
genom
vita linnegardiner
och som att gånger
när jag fortfarande
är liten uti, bilden

TANKAR UTHÄLLD ÖVER

Detta när kunde varit
ett sitt montage
genom naveln men
när i samma
rum som förr, allting
vid sina av och
påstigningsramper
mot nån annan dag
och kanske bara vid
nåt annat tillfälle
med sin utsikt genom
dom av djupa
iriscirklar eller
sådana gånger ljuset inte längre har
samma åtrå, samma
som en gång med
vackraste smilgropar
samma som när
ett naket nyckelben blir
skuggat som en svala
eller pärlas av sälta
en djupare tanke och
när skavfötters i hjärta

OMFÅNG

Jag vet det som vid en
sin endaste gång
och när bara i sin vilja
att få hålla
upp det
visa det, betrakta det
och betrakta det
som där nästan hade
fångat in det
och nästan hade lagt
det mot mig
likt utav en
röst ur rädslan för
att aldrig, förlora det

VARIANT AV ANNAT

En avbild, det eventuella av
bara som en tanke begränsar
rummet
ett sitt råämne med
alla följdfrågor, det sinnliga
utsträckta för att
gånger blir fyllda vid flöden
kanske såg på avstånd hur
dom vackra
Akaciorna när uti sina
dräktiga ljus, nånting i allt
väsentligt gånger som
blommor när bekänner färg
alternativt bara hur dom vid
sina branta tankar
alla gånger då delat
kropp uti en vacker, svindel

TIDSMÖNSTER

Verk och i regi av de emotionella
tilltalet, typ gå in vid diskret
kanske våga öppna upp för där
värderat till något i utbyte för en
beröring eller
de gånger förskjuts
till nåt enklare, att när mer som
i en transparant tanke
tillåter en stund till att
lokalisera, klistra in vid
skulpturala koordinationer eller
hur binder i tidmönster
något i kompression siktdjupet
där allting som behövdes
alla gånger kunde
återupprepas ur sinnestillstånd
från marken till själen, från
själen till marken och
för dom allra inre spegelglasen

SAMEXISTENS

Vid det här är det ingen som säger
något om likt till i meningsutbyte
mer citat ur sig själv, en sista
ljusspringa i någon rumsförsegling
– kommentarsfälten för hur dom
nakna ankomsterna när
ny uppackad som psykisk egenskap
moderkortet slängt i brevinkastet
tankar i oreda, själsligt avlyssnad
det av en övergivna tro
en gränsdragning för nån relaterad
bildfrekvens
för vanskliga fruktknoppen, en
kraft utan vind, en vind utan kraft
alternativt bara vad
en tystnad kunde ha berättat om

RESENÄREN

Primat fragment, fotnot och mörkret
med osagt, tysta sambandscentraler
när lite mer än var och en i sitt utav
byggstenar kring nån spontan klokhet
– texturer och
det ständiga av varptrådar
typ vartefter som utvidgas eller att
kanske vad som aldrig undgår
den tidlösa Evolutionen, hur talas
om ett i det långväga överlämnandet
som en serier oöppnade frekvenser
innan väderbitet med skvalpandes ord
i strandkanten och innan dom
allvarliga lekarna med sina överskridna
befogenheter
            – En minnesanteckning
för minnesluckor, kanske bara ett
resgods till några hålklippta referenser

DJUPLÄNKAR

Det som en följd av friktion materia
en födelseterm en paradox till där
maestron för ett grundackord, ett
lämnat utrymme för något inväntat
språk, ett sitt användningsområde
till att kännas vid, typ bemöta
något uttalat för sådana gånger ifall
om vi inte lyssnat efter
så kunde vi inte heller höra hur
dom där signalerna
lika som gånger ifall om vi inte tittat
efter så kunde vi inte heller se
dom när uti samma uttrycksform där
vingslagna pulsarna och på det viset
allting vid sitt
obefläckat nakna början
innan första solfläckar och skuggorna

LOGITECH

Kanske vilken av alla versioner som
allting eventuellt där kunde
ha stått modell för
tillsammans vid nån större driftighet
– typ öppnas upp för
en kallelse
en tillagd fråga, ett stycke skrivet för
livsgåtan som uppdrag
en Logitech, slags uttrycksform när
det utav Telepatiskt
genomströmning
för kännbart osynlig, varför kunde bli
motiverad dom gånger när tar
några djupa andetag, några tysta steg
vid det vi tänker
        och vid det där som
när ibland livsfarligt ibland underbart

MÄNSKLIG NÄRVARO

Mitt uti en tidtabell, livets periferier
bearbetar framskridet sina avstånd
till i händelse
– observatör av tillfälligheter
den ställda kursen bara dit den, går

NÅGOT UTLÅTANDE

Rekonstruktion bönen, ett varje
till att brista inför en kännedom
att kanske bara som
tankar med
innehållande det du tänker när
uti själva varande
mot allt det i
ständiga nedbrytningsprocesser
– kanske upprättat som länk
fick minnen till i brusreducering

INVÄRTES RESUME

Matriser för sådant när brustna
ur sina rå dimmor, en stilstudie
för ett simultant
landskap
kanske en rumsbeteckning, ett
där inbegriper som
gånger likt öppnad för en magi
några premisser efter att
ha stått vid stiltje
hur kunde bli
träffad utav en djup ton i blodet
som en adresslapp ett gatunamn
för en återvändsgränd till något
vid sin Nimbus, ett
sitt motto åt mänskliga galleriet
det som en strålglans med den
uppmätta återverkan för eller
som en invärtes resumé och att
kanske var det just därför
som vi nu har en, Ond Cirkel

KÄLLSPRÅNGET

Snäckljud och du avslöjar dig
precis som allt annat när
faller genom
spruckna amningar
det som talar via kärlväggar
in i imman för sådana
gånger när målat uti ränder
för mjölkgångar ,
stränder när skummat utav
himlakroppar när
dansat kring med sina
månvarv för en naken sträng,
en genomlyst musik
en vind med
ett vacker rumsperspektiv
gånger med skulptural, låga

IDENTIFIERAD ORSAK

Det som kunde ha letat sig in
och att sträckt sig
genom en kropp
som när utav tidlösa ramverk
– gånger ser genom
ett slags dunkel och innan
träder fram vid skärpa
att hur något när aldrig mer
än gånger där
       inget annat än
att bara när befinner sig vid
hur den där himlen gånger
när hade allting som behövs

POTENTIAL LJUSET

Att när inte mer än
där lösgörs ur
bekräftelse
kanske hur skiftat
karaktär
dygd och inför nån
djupare exponering
,hur bevittnad
utav stumheter,
bländare
och när via den där
– avtryckarknappen

KAMERAÖGAT

Vindsträngen
när
vibrerar
optiska
linsen och
när som att
vad
bryr sig
detta
om
vansinnet
en stund
vid att
ögat brinner

RUMSNAV

Detta, att mer likt av
någon stunds känsla
när lite distanserat från
alternativt hur det
mesta utav
omedelbara moment
– sådana
att kunde härbärgera
ett tankarnas tystnad
att det som
uti någon
förekomst av gånger blir
livfullt speglat ur
så som när också havet
denna djupa
motivation denna
djupa rastlöshet och
denna djupa, längtan

EN TANKES BERÖRING

Fotocollage, grund för nya alster
underverket när gånger ligger
uti en betraktarens plats när
av maskerat utåt, en nervlänk åt
någon annan nervlänk
till att genomströmmas
det naturliga utav sådant när
i friktion tiden, när i friktion av
där fullt vid oredigerat
typ sådant att kunde
ha slutförts innan ens påbörjats
eller hur försänkt vid
en tystnad
ett kvarlämnat utrymme för den
inre friden eller som åt en
tankes vattenring i sin glaskropp
innan svämmas över av det
som inte går att säga och
som inte går att säga, utan att ..

PROJEKTION DAGORDNING

Introduktion när omkrets rymd
hur tankar kunde ha letat sig in
– såg genom av
mänskliga ramverk och när
kanske inte mer än dom gånger
ibland när bara
        befinner sig vid
allt medan oändligt gränslöst
eller bara till ett
vid stundens ingivelse
det som blir allenast blottat uti
sin allra naknaste röst
liksom för varje
att brista inför en kännedom
när tunt som ljus, skört som glas

DÄR CIRKLAR ÅTERFÖRS

Ensamt sårbar, tankarnas händer
innehållet med varje egenskap
kring de märkliga varandet,
att hur det mer som att diktera
för en tillvaro
erbjudandet av någon
större Energi när utgörs utav sin
egna sinnesvolym, ett tillträde
för sina egna ifyllda konturer
en möjlig vision
            att kunde bli
ståendes i möten vid helt utan
ord, kanske vid den starka
förundran över en lavendelns
ljuva doft
eller så som vackra vingar
gånger när spricker uti ljus floret

AMBIVALENT

I borttagandet utav skymmande
en reningsprocess vid gånger
i bildfrekvens när inordnat efter
som känslor kunde ha tagit
en annan väg
ett brutet mönster,
kosmetiskt tillfälle, sudda och
hur det som efter varje elips där
förskjuts ett stycke så kunde
ropa genom som när dras in vid
en klockans roterande
– ett djupare
meddelande kring oklassificerat
scenografier några avstängda
elektroder där nätter blir till nån
kladdig svärta, ärren efter sina
ut tonade ekon alternativ någon
gryning där hundratals vingar
blir uppskrämt uti strandblänket

MEGAFONEN

Ett försök, en igentäppt tankegång
inga trumfkort som låg och invänta
mer av några gamla
visionsflimmer,
en djupare blick för den bottenlösa
himmelen, sådana kännbar
i omvälvning som ett hjärta kunde
ha hoppat till när
besökte sina gamla viljor, sorts
karismatisk klangbotten när i repris
– endera bara det lika tondöv som
hela vägen till att aldrig nånsin
någonting för att kunna bli, färdigt

INVÄRTES MONITOR

Det var ett fäste för
likt en notorisk
blindgång,
typ tvångsrelaterad
tanke
– det när
ibland även kunde
kallas sinnligt spöke

BRINNANDE IVER

Via membranet tillbaka in vid
röster, hur några belysta
element och det som uti en
skapad magi, allting när talar
likt kring kompetens för att
personifiera en rörelseenergi
att nånting för en
dragningskraft, det
i ständig verkan eller
betecknas sensuellt högstämt
hur Collaget andas när
uti någon koncentrerad form
– slags brinnande iver
kanske hur blir
placerat mitt uti ljuskällan
det eventuella av som när en
tanke blir
allt igenom rik ,
– hur aldrig skulle ifrågasätta
när genom det spröda
kunde se lite av vågkammar
och det annalkande
gånger när inte alls långt borta

ÖVERALLT DÄR UPPSTÅR

Dröjer kvar vid när inom någon
betänketid, brygder av sådant
när aldrig mer än så som det är
så som det var,
kunde uppdagas av regnen
det oförhappandes snötäcket
konfiguration
radbandet och vindspelet
hur alla obegripliga gånger
när stod utanför och såg in vid
sig själv, ett signalämne
när blir fulla utav larmklockor,
mediedrevet efter
en kyss mot rebellröda läppar
sånger för tidlösa psalmer, socklar att färdas
över när som i avsnitt
efter avsnitt likt ett bleknat
rum för utgångna bilder,
det som en stund livslevande
armaturer, timvisaren för ett
varje närmande och kanske
visste inte intill
ett att säga förlåt, ett förlåt

HÖSTLJUS

Elektroner i genomströmning
utav det naturliga, hur det uti
himlavalv i larm av höstfåglar
– att någonting vid sin
klockrymd när i
dokumentation kring instinkter

HON SOM VÄRMER

Det är alltid hon som
huvudämne
alltid hon som alstrat
mina
nakna flöden, alltid
hon som har det
att utstrålat utav
mest naturligt vackert
att finns inget
i jämförelse vid när
uti sitt
oförtröttliga
när utgjorde som åt en
varje morgons kuliss
och varma ljussättning

TIDLÖSA VIJOR

troligen inuti mörkret bara för att
kunna segla ut i ljuset, det som
kring ett kodat språk
          för ögats känslighet
etc. installerat i mötet vid gryning
– livssömmen för en
påbörjad kamp, förbarmandet
för en dialog, att hur nånting
befruktad för en sin textstruktur
någon starkare känslovolym
slags variant av när vet exakt hur
replikerar där fick smakat
på och när som ett vindstråk över
vackra tangenter
det gemensamma av nån gång
när i avstånd från rum till rum
från ljus till ljus
eller i sättet på hur utgörs utav
där rädslor vill ha kontroll
nånting vi fick ta med oss vid
de känslor behöver och behöver
och varför skulle vi inte
få känna saknad, få känna Saknad

KONTRASTERAS

Stod intill medan uppsikt över
när aktiverat i tyngdlöshet
som när blir oövervinnerlig i
sin omfamning, hur kunde
framträda vid dess hela skala
av känslor, alternativt
gånger där försökte ignorera
mörker, kunde ha stannat
upp likt av en försiktig
groddrörelse uti jordmyllan
– skygga för sådant att
när den egna närvaron vid
nån förskjuten bild där
mer som några tysta avstånd
eller bara utfallet av hur blir
placerat i almanackornas förkryssade sidnummer
nånting avsmalnande inåt
när lite kyligare, lite kallare
att mer av
ett färgbyte som rubriker för
där Asparnas rasslande,
hur fanns ingen ångerknapp
bara som där håller
fram det innerligt odöljbart

SPEGELSALAR

Att i sin resonans, avgränsat men
ändå hur hennes tankar när
flyter genom
        glasspärren
det som av ett inre mot ett yttre
ett yttre mot ett inre, hur
det som kunde ha reflekterat och
studsa tillbaka i nån märklig tystnad

ALLT SOM OMBESÖRJER

Den avtäckta dygnsklockan
      – mekanism den
förenade länken
hur den obligatoriska
vändpunkten uppenbaras
vid varje gång så väl som
livet och som
den sköraste utav tro,
en sin förlitan på när gör
inga
        undantag
för någonting, att mer som
varje gång nämner om ett
tecken för ett
vackert igenkännande då
lyfter uti den stora, Entrén

AIR

Reflektion, frammana
vid tidsformat
hur inrymmer som
att bara
sitta
och observera medan
vatten, luft och vingar

CIRKLAR ÅTERSLUTS

En stund Gud eller som att
hördes inget när höstlöven
föll och bara hur
stillheten när
en vinges sköra ådring när
genomlyst utav sista solen
ett tyst rop
en dragen fingerlinje på
vardera sida om där
hade lovat,
att hur aldrig skulle överge

ALFABET ÅT SAGOR

Avlyssnar mellanväggar
att en vacker känsla
som gånger stryker vid
med handen över för
likt kring ett samtal när
håller det
mot hjärtat som för ett
vackraste budskap
när ligger
inkapslat invid en större
längtan och
i skvalpande fostervatten
som tankar uti väta och
kanske att leker vid tårna

SAMTYCKE VID TIDEN

Tankarnas tillvalsämne, kanske för
nån omedveten uppmaning, hur
en känsla rymdes mer som
differenser till tysta klangbottnar
hur bearbetas utav konstant
letande kring sådant att när kunde
inträffa och
inträffa och inträffa
kring sådana sammankomster
där lägger in meddelanden att bli
försedda med
       inuti och
när överallt
alternativt nedgraderat till ett långt
utanför trygghetslagar, det
där deformerat av som redan sagts
– alltid efter det som
bakom ligger och alltid före
det som föreligger eller när vidrörd
vid genom en blomstjälk för som
till ett samtycke vid tiden
– i synnerhet hur ansikten
när likt i version till förtydliganden
alternativ för allting som redan sagts

GLIDA GENOM EN TYST BILD

Skissar på, lägger till vartefter
användningsområde, relaterad
världsordning, mestadels när
motiverad för till efterforskning
– nånting utan att ifrågasätta
att mer när alla på sina olika
avstånd till dom gånger när typ kunde ha
återskapat nånting
som efter lustar med eftersmak
eller det som en relaterad tanke
en sorts summering för varje av
någon mänsklig avgift
– dom gånger vi uppfattar det
och glömmer hur vi uppfattar det
lyssnat efter som vissa där inte
ger ifrån sig alls, att mest
håller vid de innanför slutna skalet
att inte den minsta lilla
antydan till rådslag vid himmelen

SLAGS ELIPS

Nånting ur den oförskyllda himlen
oklassificerad stilstudie
materia som Signum, extern länk
som profetia, inga undantag
av tid, en resa som motiv för en
centrerad tanke eller
för alla tillryggalagda
när i rekonstruktion spegelprisma
och ibland där fruktkroppar
blir djupa som fosterdiagnostik
etc. bara vad där gäller allt i övrigt
kanske ett frågetecken kring
dess allra svagaste punkt och när
det med alla sina ramar
runt omkring blir
infångat vid skeende att som i en
rymd för bakomliggande kreativ
en potential för alla de
gånger zoomat in och zoomat ut
för en obönhörlig minnesbild och
för alla dessa
stunder den kunde ha, glittrat till

YTLIGA EMBALAGE

Att i stund inhysta vid som gånger
håller det vid tanken, tanken
håller det vid ögon och hur likt
kunde uppöppnas för en textrad
ungefär på det
sätt vi får kännas vid ett när kring
rum för informationsbehov och
för en känsla alldeles intill
där gestaltat med innan typ blir
färglagda med
just innan uttrycker det
och innan det försänkt i grådiset
innan framsträckta ur som uti
det kontaktbara när växer ur det
vid alla omisskännliga
ljussignaler bokstaverat för dom
mörka djupbottnar för tysta fogar
inunder ytliga emballage med alla
sina tidlösa formaliteter
och med alla sina boende, inuti

OMBYTTA ROLLER

Som vi rör oss i fördröjning
kanske pausad när alldeles
för omfattat för en
förståelse,
att nånting istället
för att ha gripit in vid dom
djupa friktionerna, mer hur
kunde flyttat fram en tanke
och flyttat tillbaka en
tanke som gånger där blir
inklistrad vid som mot en
collagets innervägg
en given plats åt som någon
kunde blivit vidrörd utav en
extra ordinär känsla eller
innan blivit nedmonterat
från en sin verklighetsgrad
intill gånger som vi rört oss
i en tyst fördröjning
en pausad bild när alldeles
för omfattande i förståelse

AKTUALICERAD LÄNK

Temperament, toleransnivå
ifall fanns anledning till av
omedelbara uttrycksmedel
som en källskrift
till ett självförverkligat där
varje skulpturalt medgivna
vid det inväntade
frågeformulären när som uti
en elastisk passgång,
intention direktlinje och
gånger när
blir inklistrat
vid som fotostatiska bilder
eller ligga med fören uti
våg brytning, hur tid kunde
ha glimmat till uti daggen
likt en känsla
genom altarsalen, alternativ
bara det ifall om befogat
till att framställa, vid Liv

MITT UTI FÖRKOMTER AV

Seismologiska sprickor, inkludera
en närbild, ruset av det
stora djupa evangeliet och ifall
om skulle inträffa intill ett
utan återvändo, utan förvaltande
av minnesupplagor, bara projicera
en sin medverkan, en sin typ
gånger flyter ut mot full utav
undran och som
till ett varje ordlöst till att försöka
förstå ändå, hur en brinnande
indikation för allting
av fascination där
avtecknar sig till i känsla till ju mer
vi innefattas vid det eller hur
lika idogt som ett eftersträvat
nersänkt uti det vi letat efter när
lika varm som en handpåläggning
av ljuset, lika kall som där stillnat
vid nån skenbar yta för tysta
livlösa anletsdrag och när
fortfarande lika vacker som vid en
naken hud mitt uti ett livfullt regn

EN KÄNNBAR VIND

Presentation av ämne, titulera vid
födelseattest, oförskylld medverkan
redogöra för ett stycke omöjlighet
– att ifrågasätta en härkomst
ett privilegiets dyra gåva, fick bli
tilldelad ett vackert lån av
himmelen, en
stund vid sitt egna handhavande
en sin tanke för tidtabeller
jordens gröda för liv och vandring
ett sitt förkroppsligande fönster
när vilken del av sanningshalter då
blev placerat uti
själva betänkandet, slags intuition
åt signaler som ett
reflekterande kring själen, den likt
bestående av ständighet och i
saknad utav en varje fast materia

NAKNA STRÄNGAR

Att gestalta nån känning när
trädd genom en kropp
– det ungefär som
en resehandling genomsyrat
av verkliga texten
slags medial information
genom
        livsfibrer
den ultimata förmaningen
kring levnadsinstinkter
alternativ bara
hur den där åtgången utav
via det alltid så
förunderliga spänningsfältet
och då en varje sin förnybara
reproduktion utav, drömmar

TIDLÖS LÄKNING

Att ett sitt försök vid
levnadsvillkor, allting
för en
respektingivande kraft
– inte bara
ändlösa cirklar, inte
bara äggledare och
uppfostran, inte bara
sådana atmosfärer
gånger blir förslutna
som något kring
tidpunkter likt en datum markering
till något vi sörjer för
när i avstånd till
engång där fostervatten
gått, alternativt
som genom
ett barns teckning
när blir
förgrenat som ett träd
inuti en gråt vid en
tappad ballong när på
väg mot djupaste himmel

BRYTNINGSTID

Argument för anhalter
den magiska intensionen
slumpmässiga utfallet,
blandar kulörer som till
en åtråvärd bild
när frångår inte någon
djupare förväntan, det
under tid av
förvandlingars obevekliga
igenkännande, hur en
större längtan kunde ha
väntat in till så
fick beröring som i några
försiktiga tangentslag
gentemot nån skyldighet
eller bara det som
tussilagorna redan visste

DET STORA UTBUDET

Hur den uttrycksfria volymen
själva utbudet av nånting på
väg från det att gripit tag om
dig och när som ett
enväldets dragningskraft eller
bara hur belagt med när
insisterar på vid samma följe
som en sin grundorsak, typ
kopierat till form utav varelse
när så där naket och
ofrånkomligt för att kunna bli
medveten en större tanke
etc. när ljudet av pendeln och
gånger kanske kunde ha
inkräkta på egna övertygelsen
något för en sin
förebild ur originalet, det
mesta av dragkamper för viljor
alternativt vad som skulle ha
kunna varit ett sin fulla tillgång
till dom innan lamslagna utav
och innan blir överlämnat
åt den livlösa – autopiloten

PARALLELLA STRÖMNINGEN

Det som kunde ha varit just här vid
för att relatera direktiv, alternativ
den gudaktiga tvagningen, gånger
där blir inpackad mellan den av
kontinuerlig förbrukning kring dom
likt av segmenterade bilder när det
betraktade verken som tankar
när befinner sig någon annanstans
de som en möjlighet för tänkandet
– den känslomässiga volymen, att
ett samma smakämne och
ett samma som allting en gång när
satts igång ur tystnad och då färdas
genom ett samma som när också inrymmer
förluster och skulder och kanske
gånger blir alldeles för mycket för
ett oroligt hjärta när inskrivna
vid akter för systematiska återfall
och innan gudaktiga tvagningen
– etiskt rengjord eller bara som ett
på avstånd när fortfarande kunnat
höra röster som där något ropat
likt ur något mänskligt, eftermäle

UR STÄNDIGHETEN

En upprinnelse till de gånger förebåda
om alla typ uppladdade med
ur tomma intet och innan fick känna
hjärtfrekvens, en tilltagande väckelse
vad som kunde ha avbildas utan
avbild, kopierad i reproduktion för
nån åtkomst till de som kring en tanke
till viljor, hur det första grovhuggna
när i tyngd ur det tyngdlösa
– vilka kommando som ingick, vilka av
frågor ur svarta svärtan för någonting
som innehöll allting för ett varje
uppöppnandet som för en livsnerv och
när som en bindvävnad för sådana
i hållfastheten att
ett ljussken mellan polerna och
när upptar rymd, slags schabloner för
ett begynnande ursprung, vad som var
i och med det gjorda ur det avlägsna
till att kunna färdas via
det som sagts och gjorts ur ingenting

BROBLEMATIK

Att underförstått som grogrund
lokaliserat genom att uppdagas
– essens för livspartickel
ett okränkbart ämne, förvaltare
av evigheter, ett i
tillhörighet status och hur själva
evolutionens riktning
de som i skulptur av förkunnelse
– argument till betingelse,
rätten till att spekulera vid det
så som en mixad egenhet för
anslutningsprocesser när lika
bildlig i som byggstenar
– En röst ur det ogiltigförklarade ursprunget
vilken förhandlingsbar faktor till
att bli träffad utav när
det utspridda ljuset och när som
en förhöjd volym på en tystnad
inklusive vilka som betrodd på en
skala utav sanningshalter eller
kanske bara en sin frösådd till dom
i grund för applikation gånger
när ända ner vid sin bottenkänning

ÅTERBRUK AV REGN

Ibland då händer via tankeglipa
fixeringspunkt och av
inre omständighet, minnet för
en tystnad och när kanske bara
lite solens glöd kvar i rummet
nånting om det exceptionella
för en djupare
minnesknackning genom
någon skörare informationstråd
typ gånger ordlöst till att kunna
förstå ändå
– ett hjärnans
            belöningssystem
som ögon kunde ha skvallrat eller
det vid gånger när i svängning där
strängar brister och att hur ligger
utspridda vid
skärvor likt utav sinnliga interiörer

SOLPARTIKLAR

Berättande element, den förmedlade
riktningen, hur bokstaverad för något
genetiskt alfabet, hur ett
invärtes passmönster för att kunna
känna tidsströmmen, känna hur ett
tankes fäste gånger ur vilket natt är
inför de i drivande mellan när
i doft av djupa källsprång så att väta
våra glas inför dess berusande och
för att kunna öppna upp ett ansikte
– få känna och se det starka vita ljuset

RAMVERK

Hur påkallar uppmärksamhet
nån djupare frågeställning
alternativt kanske
varför aldrig
fick känna sig hel eller varför
vi inte bryr oss längre
och varför vi inte vid
sådana stunder att kunde ha
blivit alldeles för mycket
konstruktion vid denna nu
så oigenkännliga,
övergivna och när en gång så
blomstrande själ när
alldeles för mycket konstruktion

POETICKA HYPOFYSUS

En varje konsultation, nånting utöver allting annat
bli mentalt inrymd, sin volym, typ gestalta ett
utrymme, irrelevant känning, skript och i version
utav en obeveklig textur beskrivna ur ett varande
en oviss källskrift,
att varje när hur äkta som helst och varför tvivla på
en härkomst, mirakulös Logitech, upptagit i stund
av reseskildring innan kunde vara levande avlägset
hur ingick vid allt före detta när aldrig klargjorts
kanske inte behöver det, mer som att en vind är en
vind och ett liv är ett liv när uttänjt vid nån
elastisk dialog så som vi kunde ha älskat, så som vi
kunde ha kysst en vackraste av blomma eller
hur en endaste gång när kunde ha varit för evigt
en tanke utav det som förblir kvar utav allting till att
relatera medföljande, nånting i placering som vid
ett tillfälle av omkrets, ett ur där vi var och där
vi nu är likt areal kring upplevelse, en vacker tanke
en resonansring utav det
som blev kvar och för alla dem som blev kvar inuti

UTAN ANDEL TILLHÖRIGHET

Det märkliga av så som ljus när anlänt, hur det
där behovet gånger blir anpassad till det och
när nånting i bemötande som en känslomässig
känning, hur dom informella kretsar varifrån
inte bara sinnlig fattning, att inte bara
gjorts för viss tillgänglighet
vad som uti den på knuffade vågrörelsen eller
det som vid varje gång släpper på strikt
återhållen för den konstnärliga friheten, ögon
för ett annorstädes varande,
en obeträdd längtan alternativt det ospecifika
för en insamlad energi, en intensiv grafik för
den opålitliga synden, hur allt vid betydelse
till att bilda mening, en plats för en tanke uti
det tomma knapphålet, det som ett försök till
via några överförbara ledtrådar till att kringgå
blockerat uti ett medvetandet, en
neutraliserad tillbakablick oåtkomlig för dom
med någon förlorad behörighet
som en annan variant av att försöka
bemästra sådant inträngt att när hårt ansatt av
det obevekliga det ofrånkomliga vid full längtan

DET DJUPA ARRANGEMANGET

Inget outtröttlig, inget outtömlig, bara av
tysta urval, vad som kvalificerad till
att fortgå, en vinnare bland alla dem som
missat chansen, vad kunde ha inträtt vid
någon oförklarlig förmaning när
avgörande för en alkemi för telepatiska
sambandscentraler, hur varje
en sin början till att leta efter nånting att
härleda till endera sådant att inte mer
än genomträngd av för otillgängliga svar
det mesta kring förbindelser åt mysterier
dom uteblivna förtydliganden som ibland
blir till grund för alla våra filosofiska djup
den mentala tillgången och när
uttryckta åt en stund till att få hinna tänka
slags själslig motvikt, en företrädare för
osynlighet och kanske varför vissa kunde
ha berikat sig med en tro, en
sin egna Gud och där överlämnat allt, Åt

ETT HIMLASPEL

Tidspuls, att uti avvaktan på
temperament, hur något via
en upplöst horisontrand
– precisera en
brytningstid, blir inringat
utav sådana klockradier för
dagliga rutiner, hur kanske
bestod av allt och inget
– den fulländade materian
en estrad för lekfullt
sökande eller inhämtat åt
sådana sinnesuttryck så som
vissa kunde avslöjat
sig direkt och så som
andra när helt saknat gestalt

MOLNEN OCKSÅ

Slags strömföring, kunde benämnas
som tystnad, aktivera prövotillstånd
några utförgrenade beståndsdelar
till att beträda marginaler, bli ansatt
av livsmarkörer, ett ramverk
för ett outtalat syfte, att kanske typ
inte mer än som nån möjlighet när
lite större än våra fattiga teorier eller
som vid en paniktanke
            ut i livsutrymmet
en grundplåt för tillbud, hur kunde
bära smärta som anletsdrag eller
hur allt som blir till en glädje för ett
i mellanrum för den ofattbara
tillförandet av med all respekt inför
kanske de omöjliga när blir otolkbar
i översättning, alternativt, bekräfta
morgonstunden med uppstigande
solen och som med den
alldeles nyss förnyade, övertygelsen

VAR DET EN FÖRLUPEN

Oannonserad hänvisning, att den stora
förlagan till hur den universella
förstasidan till sistasidan, den plötsliga
förekomsten utav det gåtfulla när
uppstod som tid, vad som kunde forma
det likt en produkt av nakna sanningar
och vad som utmärker beteende
hur ett uppblossat ljus för den ultimata
känningen, intension för ett känselspröt
och vilken meningen med ifall om vi
inte ens visste om att vi funnits till
bara den indirekta tillvaron i ekot av en
enorm röst, nånting genomsyrat utav
när gjort som nånting till att aldrig går att
frångå, att det som en fråga över tid
den orättvisa smärtan, allt
utmärkande för saker som händer utan
uppsåt i de passerade ljusflimret, det
som ett svagt minne av en text, en bild
när i bindning till allting där gränser utav
nån förhoppning ställd mot det likt
en slags reproduktion av samma sak som
för alla dom som stod på tur och om vi
kunde ha gjort allt vi kunde för ett Samvete

LITET HÄFTE FÖR PSYKOTISKT BETRAKTANDE

Vilken då, informell för den oklanderliga hjärnan
nånting om tillfälle av att härbärgera röster
när sammanlänkat för en uppehållsplats, endera
gånger som något osvuret för en tro vore bäst
hur fick bebo en stund av tillfällighet
vad kunde ha lita på eller vad som längden på ett
djupare meddelande när i samma riktning som
när dom oidentifierade fick bestiga nånting till att
vistas inuti, försöka blidka det övermäktiga
och när föringar ingenting som utgör för den
verkliga hotbilden, tackla sådana till att typ fick
frigöra sådant av outnyttjat för att göra
innehåll utav, ett seriöst försök när i avstånd
till nyfikenhetens rymd, embryo till vuxenstadiet
lekkarusellen in vid allvaret eller hur det
rumsliga djupobjektivet via det enorma titthålet

FORMALICERING

De bestämmande kynnet, förflytta mellan
möjligheter att bli ställd inför obevekligt
en förfrågan med själva urvalet
inklusive hela den delade personligheten,
varför och åter varför just vi vid
pressen på som överlägsen varelse etc. det
mer likt en kärlek i förvirrat tillstånd, en
fördelning av utsagor, införskaffande
där allting vid en sin början, ett mötet vid
som att liv var en skyldighet, kunde ha
agerat efter urskuldande arvsanlag, en
stunds lyskraft med svärtan runtomkring
oss för ett påhittat utrymme, kanske det
omedvetet för en delaktighet vid gånger
bara det stumma uttalet för nån utebliven
sanning, överbevisa i betydelse eller
åberopar ingenting, kanske bara tror oss
vara verklig, en varje reproduktion när i
övertagandet av varandras öde och sedan
en stängd dörr som när händelser tog slut

ELCHOCKSTÄNGSEL FÖR ÖVERTRÄDELSE AV TANKAR

En absolut mest komplicerat fråga sedan
förkunnelsen, hur nån info blinda teorier
till att bli ansluten något så omfattande
att allt mer likt en närkamp mot den utav
tiden gjord på det viset att kanske utan
grundläggande rättvisa
      – bara en komponent
vi skulle räkna in tillsammans med allting
som slog rot vid marken likt en sårbarhet
när påkallar en uppmärksamhet, att hur
en vetskap, en analys om hur nakna vi är
inunder allt för en stund av innerligheters
skull, ett sitt uppvaknande i diffraktionen
som bryter ljus så att speglarna brinner
hur träd och när dignande av frukter och
vi blir spräckliga utav sol och skuggfläckar
      – kanske hade älskat uti en
kroppslig eld, nån starkare strömföring
de som att ge blomman ett djupt andetag
etc. bara som gånger vägen varit lång och
att göra kaos åt ett mer i prydlig slutfas
hur ålderdom tilläts ha sitt sanna, Ansikte

MESTA AV INDIKATION

Touch och ur vilket innan någon
uppfattning når Connection, hur
kunde vara för ett där utgör av
särskilt tanke, nånting muterat
ur en nollpunkt, hur en
pulsådras
strömning genom
        mörkerrummet
ett inträde för en främling, kanske
en sin frågeställning till att
kunna göra tänjbart rörlig, att
något till att anteckna initialt för
trovärdig riktning, ett
ordningsrelaterat när utspritt likt
ett ointagligt för när
fraktas genom som via invärtes
rymd och när blir kännbar synligt,
kände självet vid den av grund
vilat på som en sin egna avbild
att en samma röst som
genom en sin stjälk och en blomma

DET LILLA UTI DET STORA

Vad kunde bestämma över en evolution
och vad kunde styra över allt till det blir
genomtänkt och klart, att bara nånting
om vad allting är besläktat vid
eller det som bara en aning nuddat vid
likt utav en tomhetens
tysta presentatör i sin produkt åt
näringskedjan eller att
det likt en ork till i
överlämnandet för dom självvalda där
en eftersträvan djupa uppgift, känna
hur en kraft ungefär som en större
tanke faller in vid dig, det i princip till
gånger fick vara slags liv i tjänstgöring
något som iakttar oss på avstånd, ett
för vår kamp mot själva oförmågan när
som innehåll mörklagda, observationer

DET LIKGILTIGA ÖVERLÄMNANDET

Vi överproducerar, vi skiljer inte på
vad som är av värde och vad som
är dess egentliga mening, och vem
bryr sig om det som höll vid alla
gamla marionettrådar för alla gamla
pyramidspel och för en annan
rikedom än de som gånger
typ lägger det vid nån urskuldan och
förnekelsens skyddsavstånd till kropp
till själ och till som gör alla
moraliska predikningar till det vid nån
försenad eftertankes vidkännande
– en slags transaktion där försåten
kring skulder och för dom gjorda
utav oförståndets bristfälliga fattning
när blir spegelvänd i tid, det som uti
en sin bild av en gårdag, en Etisk ton
sitt postuma budskap om vid allt likt
en vackraste tanke där vi och dom
när skulle och skulle och skulle
med berg skogar och till livfulla vindar

INOM ANNAN SEKTOR

Att mer som att hitta nya formspråk, en
kamp mellan tänkandet och konstnärligt
förverkligande, hur kunde ha öppnat ett
i rymd för sådana beteende när till i
vilja kring avtryck
en penseldragen längtan så som tankar
när kunde slita sig ur sitt original
för en tyst minnesplattform
några speciella förkryssade rutor för sina
nakna intensioner vars öppning när trädd
genom den där spänningstråden
– ett blottat djup giltigt som
åt den väldiga dragningskraft där den
reglerbara karaktären, hur dom med de
mest fascinerade färger när det
likt ett i beredskap för en stark känsla
när det likt i beredskap för en stark tanke
att när kunde stå som
mitt uti konstverket för det hämningslösa
det förblindade i denna vansinniga, hetta

EN FLASKHALS VIA TVÅ VOLYMER

Det är om den här vistelsen allt
handlar om,
ett djup i tidscirkeln, ett samma
varsel som åt ett omen,
psykoanalysen av några stavelser
i avstånd från att när
mitt emellan
ett till att bearbeta och för att
försöka få hålla vid likt
ett medvetande för dom
som portioneras ut vid
den gradvisa upplysningen när uti
sin konkurrens av två hjärnhalvor
och gånger skall utsättas för, det

KOORDINATER FÖR DAGAR I ÄNDA

Kanske bara i utnyttjande av sin rätt
– vara en delaktighet vid den så
märkliga inunder liggande processen
det oförklarliga när likt ur en större
skrift för mittuppslag, hur det rent
principiellt i innehåll för allting kring
en konsultation, en slags odyssé
inför en varje sin Entré
när laddbar för insikt, allting för
dom i reflektion kring någon historia
en anteckning i de anslutna forumet
          – att nånting i
övertagandet av det där balansoket
alternativt vilken del av, vilka
sidor av sig själv så som ljus
och mörker när i sin tur och, ordning

DEN OPRÖVADE ORON

Som att vi stod där nu med ett av allting
när kunde ha vandrat genom där
optiskt genomträngd av sinnliga passager
– brytpunkten med det ända sättet via
rum och när stunder kommer som genom
uttömda glas bågar liggande kvarlämnad
på rumsbordet och när lagrat av tystnad,
kanske en stund för skeenden, ett lån för
tankar de gånger framträder med alla sina
osynliga spår, ett utrymme som behövs
för den oprövade oron och för att
kanske överlista rädslor eller medan nån
utsträckt ljuskägla över vaxduken
nånting i minnet av hur sjöng sånger som
vandrat genom för dem som inte längre
för obefintliga svaren, att bli påkommen
likt slags antagande gånger flyttas tillbaka
till en stund vid det parallella spåret
– en rubrik för den angenäma detonation
eller när tysta prognoser över en mörkrets
sockel, hur vi öppnat ytterdörren
för att kunna bemötas utav de
universella ljuset och kanske nåt om ifall
tordas intill en stund för det hämningslösa

GENERERAR FÖRUNDERLIGT

Ett särskilt för vissa omständigheter
kanske bara det eventuella av när
inte mer än att fick tillbringa just
vid typ gånger känner för
improvisation kring egen utsago
        ett lotteriet
                av solens läge
ditt födelseemblem, ditt status likt
en datum markering
för stjärntecken
gånger blir placerat mitt uti nånting
som att bli medveten om sina
viljors kraftmätning,
det oändliga av känslors alla vägar
eller hur stod intill de besynnerliga
konstverket när uti sin, livsform

OKUVLIG MATRIS

De endast in under tid av levnad
– plattform för signalbyte
som det här rummet var avdelat
i olika stycken för olika relation
        för olika lekar,
slags matris när
fick röra vid organiska legobitar
en psykoanalys för
villkorslös verklighet, kluvenhet
för en tanke till en annan tanke
inget mer beaktansvärd än
att hur projiceras och projiceras
        gång efter annan,
att kanske nånting oberoende av
allt annat, lönlöst till att
känna efter vid de varje gång blir
lurad på känsla etc. varför det
som till ett särskilt område
till ett annat särskilt område när
kunde ha fått kosta vad kunde ha
        fått kostat bara för
att just dit det skulle, och skulle

REDUCERAD BETYDELSE I FORM AV MAGI

Vad var det som låg i trollerilådan uti det
låsta rummet, ett ämne till det som att
följa rötter kodat likt en tillgång till
sig själv, motsägelse av intension, att en
befruktning som att känna smak utav
begrepp, det välsignade när producerat
ur sitt ursprung när ur dom djupa källor
av källor, ett meddelande på väg via en
sval sköljning genom
        djup perspektivet
av evighet och vad som emellanåt tillät
en laglös hunger och varför den drivande
törsten, att vi inte skulle döma,
aldrig skulle döma, aldrig bli företrädare
kring det där svårmodet när kunde känna
en större oro för allt det som kunde vara
svårt att tänka klart då parallellt vid annat
kanske stod ensam utanför när i
förgrening utav tysta ord, kanske hur ett
utblåst bloss till nånting kvarblivet ur den
där tiden som gånger någon blev din vän
att kanske gånger fick kännas vid och
ifall om fanns uti den där, trollerilådan

LÖFTESBUNDEN

Ett i sin frågeställning, att släppa
in en röst som vi
egentligen inte vet nånting om
– hur det eventuella av allting vid
sin rikedom och som vi behöver när
blir sammankopplat med
likt en sin blodblomma när ut i den
mångfacetterade meningen
genom membranet till att få flyta
in vid trädet upprättat av sanningar
– fick stå vid lugnet genom de
strömningar som måste få överrösta
en oro dom gånger stänger in sig
vid sig själv för att klara
utav det sårbara när bara de slutliga
och när inte långt från gånger
som uti en tankes sköra mötesplats
där frigör det från allt som pågår vid
den mångfacetterade meningen
genom membranet till att få flyta in
vid trädet upprättat av sanningar
den enda utan omväg när på väg hem

TÄCKFÄRGER

En solkatt ur mörkerlampan, sådant
när blir svårt att tänka sig kunna vara
utan när i passage av oundvikligt,
eventuellt hur kunde ha varit nånting
uppgjort mellan två större enheter
nånstans in under sina täckfärger, det
sprungen ur som utav en barnslighet
kunde ta över vid den sanslösa
variationen, sorts levnadsskisser när
utgivna i realtid, en bild vid sin
livslängd, den enda dirigent uti den
stora orkestern, alternativt sådant
när redan gått förbi
utan att vi nånsin hinner ikapp, bara
hur eftertänksamhet i sin böljande
våg eller hon som talade likt ett annat
språk där krucifixet mot bröstkorgen
och när behövde inga rädslor inga
tankar i strypkoppel, inga utav minsta
överskridna för hur riskerat vid det
som en tro når genom evighet eller
hur någons blanka ögon sade nånting
som ett i spegling ryms flyktande moln

IDEBANK

Att det kanske mer i design och grundidé
vid allt som ligger i modifikationens natur
– kontra djupsinnet och där paketerat vid
likt till analys av våra aningslösa silhuetter
det som att närma sig en
       djupare sinnebild
hur kunde förebåda till motivering typ
vilka av alla dessa i mängd av kompromiss
eller gånger överförs till informationens
tysta malströmmar där dom åtråvärda
kontrasteras för likt en dubbelexponering
eller där en varje grynings dragkedja för
nånting kring ett samsat argument, ett i
tillägnat syfte där
       både mörker och som ljus
när slags framkallande utav gåtornas gåta
hur det givna tillfället till att göra sig själv
anträffbar, det som ett behov utav en
design och grundidé, känna ett rummets
närvaro, att kunde bli erbjudna tillfälle av
visuell flykt, en blåögd tanke, några
förolyckade tidpunkter när bara marginellt
överskriden sina samvetskval,
allting som ligger i modifikationens natur

UR HJÄRTFLIMMER

En bild ur sin entré, att nånting om hur
den skenande tiden när allting som vid
en större längtan ditlockad utav
någon mer konstruktiv rörelse, som en
tanke letat sig tillbaka in vid röster
vid det som kunde ha varit sparad när
likt blir pantsatt i tron som en njutning
kunde ha rullat mellan
        fingertoppar eller så som en
vackraste blomsteräng när vid i dofter
för ett bisamhälle eller
        det gånger när
blir belyst med sitt berikande, kanske
något alternativ för ett lyhört sökande
för ett ögats nakenhet etc. att en slags
frälsning åt en sky helveteskonstruktion

OBEHANDLAD YTA

Abnorm ödeläggelse etc. hur något
otillfredsställande att få rekognoscera
inifrån och ut, kanske illusionisten
mellan alla väggar utav
klaustrofobiska interiörer gånger när
som avvägda citat ur volym för några
restriktioner som en missräkning
vore katastrofalt, det antingen till
nånting att ge plats för i övrigt
med slags obehandlad yta, hur det
skenbara gånger som en
dyrköpt längtan när mest utseende
som fasader med rop ur djupt inuti
en Abnorm ödeläggelse,
en bipolär kod, XpnfZero, G punkt
och lite skadeskjuten, att kanske när
inte lönt längre, mest hänger mellan
av genitalier som utav en död Ängel

OBALANCERAT INSTRUMENT

Egendomar vi jämför med liv och
när inte ens utrymme där gör för
det osannolika som uppöppnande
åt knoppar när som en utpost
belagd med positionsvinkel
eller där allt preparerat med inuti
hur den ena efter den andra
tog sitt leverne, en blodfylld
blomma för dom djupa
frågespalterna, ett uti grund och botten
sin passage för psykotiskt nätverk
varje intension där blir belagd
med ur den svarta massan likt en
trafik för start och landningsbanor
eller en kraschad bild som
en större tanke spretat åt alla håll
det otaliga gånger där kunde ha
övermannat oss själva av en stark
upphetsning, eller en uppdaterad
version av alibi, hur det som att få
brinna och slockna, slockna
och brinna, brinna och, slockna

RIKTVÄRDE FÖR VILLFARELSE

Vad var det här för någonting och vad
vilket meningen var med när mer än
bara en uppsättning utav ord, kanske
rädd för ekopunkten där vi och
när inuti oss som uti en speglad tanke
för lockelse när de stora himlaskeppet
allting utan att bli lovat beständigt vid
våra byggklossar, att när mer som uti
en bildfrekvens gånger fick stå mitt
emellan att varken kunna leva eller dö
hur stjärnor kunde skvallra om
när vid mängd av som för en slocknad
villfarelse, allting tillhörande som nån
in underliggande lång
resa parallellt med dom djupa
såren, en maktposition, en ångestens
yttersta gräns, att en letad vetskap
med den skillnad till att vad det gör vid
allting inom oss och kanske
vad som var mening med mer än bara
en uppsättning ord när uti en
bildfrekvens när mitt emellan till att
gånger när varken kunde leva eller, dö

HORMONELL TURBULENS

En ouppfostrad tanke, ett samma ämne
som där allting har sin början vid när uti
sin nakenhet, det uti en som optisk resa
när som att avteckna en rymd mellan
alla sina monitorer gånger när blir
sönderbländad utav tankar till att trycka
på sådana organiska knappar för dom
uppladdningsbara principer där allt har
sina plus och minuspoler, en varje
energiförsörjning till alla dessa i
minnessubstans, en slags friktion där vi
blir anslutna till påslagna drifter eller alla
gånger blev målat invändigt med
sådana drömmar att kunde
smita ut via sina viljor som i ett anspråk
på konstnärlig frihet, alternativt hur
dom med alldeles för starka röster för att
kunna orka hålla emot, att en form av
flyktväg för en andra sida, någon illusion
via konstgjorda anletsdrag, hur en tankes
fingrar alla gånger när bir svindlande nära

MIXTRAT IN UNDER IFRÅN NÅGONSTANS

Kanske om ändamålsenlig betraktelse
grundorsak när stationerad vid sina
släktskaper, hur kunde ha varit
hoptråcklat vid en tyst alkemi för nåt
arkitektonisk mästerverk
ett montage utav nya bedyranden
hur en Logitech när blir omöjlig till
att genomskåda, hur nåt framlagt
som informationsnycklar till några
sådana ämnen att vid dom av
kontinuerliga präglingar för nånting
          vi ville ha
nånting vi ville bli eller bara relatera
symbiosen vid som ifall
om inte rötters upptagningsförmåga
och om inte gånger kunde leda till
destinationer som uti en blå tanke åt
en avlyssnad rymd, en slags
exalterad minnesanteckning kring
det som ibland när sinnena
lyfter vid kolsyrebruset vi reser, uti

NYMODIFIERING

Homogen förlaga, en version av
huvudämne, osynkroniserade
nervbanor, alternativt allting
avläst via någon strömförande
interaktion, kanske till en fullt
utvecklad fantasi,
transmission för önsketänkande
att en samma typ av samtal som
påföljden utav nån uppkoppling
genom en anatomins
                    kontaktyta, den
i omställning sammanväxta vid
det allting träs genom uti dom
gemensamma kuggarna, kanske
sådan attribut när elegant
attraktiv,
att en organisk version av en
geografisk bildyta, några
självantända källor, våra djupa
elektroder när statiskt hud nära
som gånger något ropat i dig
och som gånger något ropat i mig

SFÄRISKA PREMISSER

Det av en förfrågan från ett annat
håll och när insisterat på djupet
typ vad typ bestod av som själslig
härkomst, en obesegrad
kryptisk blockering, teleskopet
med en vanföreställning
en förvrängd verklighet och när
mörkret med allt runt omkring dig
med djupaste stjärnhimmel
hur några blinda teorier när sätter
ihop en bild vid alla sinnen för
den svarsberättigande hungern vid
den spruckna jorden, alternativt
vid väntan på fullkomligheten, det
som ur ett mörker ser med känseln
innan ljuset för en tanke når som
för ett öppet vatten, det av en tyst
förfrågan ifrån ett annat håll
när insisterat på djupet och vad typ
bestod av vid en själslig härkomst
och vilken utav nån
obesegrad kryptisk blockering
det som ur mörker såg med känseln
innan ljuset för en
tanke når som för ett öppet vatten

UTAN INSKRÄNKTA GRÄNSER

Ny avisering en beslutsprövning
som att släppa ut en
inhägnad tanke, infiltration
begäret, beskatta nån egenhet
typ belånad i ansvar
alternativt inklusive allting
när blir till en uppmätt grad av
precis så som det är, precis
så som det var och att ibland
kanske mer likt ett avsnitt ur där
retuscherar en psykos som
en förekomst av när slingrande
blå ådran för nya uppsåt
slags fragment till nån skepnad
en modifikation för direktiv
kring nya invärtes signaturer
där dramaturger till sinnesrymd
– en ny avisering för en
beslutsprövning till att släppa ut
en inhägnad tanke, att hur en
sin infiltration begäret, typ
beskattandet utav
nån egenhet belånad vid ansvar
eller varför en sista glödhärd
uti en tystnad har så många frågor

ORDSPERMIER

Om fysisk nedslagsplats, någonting
som fenomen, några ordspermier
ett samtal för det flyktiga axet när i
sitt koncentrat av modellerat
innehåll, hur den av tomhet innan
papper och penna, hur beträdes av
en lång väg innan, när sin krökning
bakom skogen, det uti en tanke vid
sina sjöar och stränder nånting som
förser vilseledda med vägledning
att ett rum för nervbanor, typ kunde
　　　　　färglägga sina egna
scenarier med
alldeles nya frekventa ekon ur dom
framhävda behagen, dom jämställda
vid som när kapabla till att få växa
ut ur några skulpturala idéer, några
nya ansikten några nya frestelser
som gåtfulla tillvänjer åt nya magiska
för mörkerrum och, kontrastvätskor

ADMINISTRATIVA SPRIDNINGEN

Stabilisatorer till nya underrättelsekällor
backspeglar med acklimatiserat för
alla återanknutna viljor med sina nya
färgpigment åt den disponibla betingelse
där blir konsulterad genom nattskiftet
till genom dagskiften, dagskiften genom
nattskiften och kanske nya
humörsvängningar, alternativ känslor på
måfå, sina egna skepnader som blanka
obehandlade blad när oskrivna, att fanns
inte sådana rena fina mjuka bokstäver att
kunna beskriva naturligt
känslomässig som åt nya verkningsgrader
till nya träffytor uti balansoket av själars
viktlöshet eller några intensioner på vinst
eller förlust, kanske något om dom långa
avstånden när inte minns vad som kunde
fattas oss, att ifall blivit angripna utav en
förgänglighet, några borttappade
bränsledepåer för alla nya gryningar som
gobelänger brinner eller strömningarna
genom timglaset för alla nya labyrinter åt
alla nya person kluvna moraler kring
alla nya predikningar för alla nya
hungerkänslor uti den, spruckna jorden

LIVMEDIKUS

Manuskript utav ödesmättad tystnad
kanske absorberandet vid sig själv
att när fick skingra det ur sitt trauma
slags faktum när i närhet
av så som vissa sanningar eller det i
grunden bara när så ohjälplig, bara
hur kunde fattas något vid dom
gånger där gick i god för den uttalade
hedern, någon borttappad stavelse
vid det alfabetiska
känsloregistret, alternativt bara hur
den enkla anledning att när bli brusten
för en kommunikationens livlina,
allting som när inte längre tilltalar i
syfte för en sanningsenlig sammansatt
bild, att mer av tankars fingrar utefter
sönderrivna vid perforerade kanter
kanske nånting om hur många gånger
vi gör rekonstruktion uti det oändliga

SKEPNAD I MODIFIKATION

Vem i grund att bär denna makt
för alla tillåtelser vi ber om
– en tanke ett ord för vad som
förblir oupptäckt vid en kropp
– kunde vi förhindra
oss själva
vid den destruktiva ordningen
fanns den kraft som
drar oss tillbaka från livet
när alla utprovade alternativ
och när alla svar bara
likt en töjmån på nån fantasi
att inskränkt till där våra
uppgifter tog slut, en stund
beskaffenhet sina egna val när
allt för en grumlig bild, det
som vid ett avsmalnat
objektiv vi kunde ha färdats uti

SPEKTOGRAM

Fotografi i tystnad, en eftertanke
gånger kunde vara allt från någon
tid till där röda skolan uti djupa
skogen och till att när fröken Sara
stod på trappan med
               vällingklockan, ett
i påkallande pedagogiska rummet
en lärdom reproduktiva alfabetet
någon tillbehörighet för leverne
ett inpräntat budskap till livet gånger som till
ett allmänkännande kring
nya källor, allt från innerligheter till
ytterligheter, Trunken med tankar
via skolvägen så som
dofter av trycksvärta för sådant att
skulle göras tillgänglig, hur det som
en förfrågan ur ett sitt
bottenskikt och ända upp till ytan
existentiella diagnoser, reflektera
sinnet, ett fotografi vid sin tystnad
som en eftertanke kunde
vara allt från nån tid där röda skolan
uti djupa skogen till att fröken Saga
stod på trappan med, vällingklockan

LILLA STATIONSHUSET

Denna konstnärliga frihet, en representant
för magin som bekräftar sig själv, att en
pusselbit för de gemensamma medvetande
nånting i avstånd som där identifierat till en
frekvens ur tankarnas tillkortakommande
eller allting vid den naturliga urskiljningen
– att kanske bara en liten varelse
uti det stora väldet
nånting för det djupa genomskådande
där i syfte det töjbara sinnet, fick bevittna
innehåll för egen sfär, några manualer
kring något tidsformat, lika allmänt som
huvudorsak med självansvar, det eventuella
till att ifall våga överskrida verklighet
att en stund vingars bärkraft, typ gånger uti
känslors vilja till att vara någon annanstans
              ett allt som utmanar dig
nånting för det djupa genomskådande
– den euforiska längtan, alternativt bara
när flykten genom den destruktiva ordningen
den stora glamouren som kanske uteblev
en sin volym av livsrespit, sådana
länkar att fortplantar betraktandet, endera
bara lyssna regnet för den gudomlighet den är

ROTSYSTEM AV INFORMATION

Ett sätt till att fånga in röster, att se
sig omkring där aktiverad med egna
förfrågan, hur några
        kontaminerade
metaforer, existentiella diagnoser
vittringar för nya längtan, slags
lekande som vid införskaffande av
nya berikande, det som ett
filosofins färgval för
den egna stilleben, en substans
en otydlig bild, ingenting som
säger att inte
kunde ha fått vara så här som i ett
tolkningsutrymme i improvisation
kanske om det experimentella som
tankeutbyte när inordnade för nya
förkunnelser det reflekterade sinnet
hur införlivas sådana passager när
blir full av metoder för att kunna
handskas vid
ett sätt att fånga in röster, att se
sig omkring eller bara
gånger aktiverad vid egna förfrågan

Innehållsförteckning